Kerstin Meiler

Kapitän Relaxi

2

Kapitän Relaxi

Eine erlebnisreiche und entspannte
Reise gegen Angst und Stress
Autogenes Training für Kinder

Praxishandbuch für Kursleiter

Kerstin Meiler

epubli

Impressum

© 2014 Kerstin Meiler

Druck und Verlag: epubli GmbH, Berlin, www.epubli.de

Umschlaggestaltung Kapitän Relaxi Bild: Denise Meiler
Illustration im Buch: Leander Hartung, Amelie & Laura Meiler
ISBN **978-3-8442-9232-9**
Printed in Germany
Bibliografische Information der Deutschen Nationalbibliothek
Die Deutsche Nationalbibliothek verzeichnet diese Publikation in
der Deutschen Nationalbibliografie; detaillierte bibliografische Da-
ten sind im Internet über http://dnb.d-nb.de abrufbar

Inhalt

1. Vorwort 9

2. Was ist Autogenes Training 10

2.1 Die Kraft der Gedanken 10

2.2 Der Begründer Johannes Heinrich Schulz 10

2.3 Die Wirkung des Autogenen Trainings auf das
Vegetative Nervensystem 11

Nachweis der Entspannungsreaktion auf das Autogene
Training 12

3. Entspannung für Kinder 13

4. Kinder lernen Autogenes Training mit Kapitän
Relaxi 15

4.1 Körperhaltung 15

4.2 Die Wirkung von Autogenem Training auf Körper, Geist
und Seele 17

4.3 Anwendungsgebiete bei Kindern 18

4.4 Die Entspannungsreaktion 19

5. Voraussetzungen für ein gelingendes
Entspannungstraining 20

5.1 Äußere Rahmenbedingungen 20

   5.1.1 Gruppengröße 20

   5.1.2 Material 20

   5.1.3 Angenehme Raumtemperatur und Raumbelüftung 21

6. Kapitän Relaxi – Kursorganisation 22

6.1 Gruppengröße und Alter der Kinder 22

6.2 Kursdauer 22

6.3 Vorbereitungen und Materialien 23

6.3.1 Materialien – Checkliste 23

6.4 Raumausstattung 24

Vorschlag für eine Raumgestaltung 25

6.5 Die Mitte 27

6.6 Elternabend 28

7. Kapitän Relaxi – die Schatzkarte *30*

8. Das Kapitän Relaxi Lied *31*

9. Kursaufbau Kapitän Relaxi im Überblick *32*

9.1 Erklärung der Inselnamen 33

9.2 Die erste Stunde – Isola IBIGARU 34

9.2.2 Das Kennenlernen 34

Bäumchen, Bäumchen wechsle dich 34

Namensmaschine 35

Mein rechter, rechter Platz ist frei 36

9.2.3 Einführung in die Reise mit Kapitän Relaxi 36

9.2.4 Die Crew-Ausweise 38

9.2.5 Aufbruch zur Insel Ibigaru 39

Fantasiereise: Isola Ibigaru 42

9.2.6 Reflektion der Geschichte 46

9.2.7 Besprechung der Aufgabe zu Hause 46

9.2.8 Abschluss der ersten Stunde 47

9.3 Die zweite Stunde – Isola Abeschwe 48

9.3.1 Der Wochenrückblick 48

9.3.2 Die Zaubersätze im Sitzen 49

Feedback zu der Kurzübung im Sitzen 50

9.3.3 Aufbruch zur Insel Abeschwe 50
Fantasiereise: Isola Abeschwe 53
9.3.4 Reflektion der Geschichte.. 57
9.3.5 Besprechung der Aufgabe zu Hause 58
9.3.6 Abschluss der Stunde... 59

9.4 Die dritte Stunde – Isola Abewa 60
9.4.1 Der Wochenrückblick.. 60
9.4.2 Die Zaubersätze im Sitzen 61
Feedback zu der Kurzübung im Sitzen 61
9.4.3 Aufbruch zur Insel Abewa.. 62
Fantasiereise: Isola Abewa.. 64
9.4.4 Reflektion der Geschichte.. 70
9.4.5 Besprechung der Aufgabe zu Hause 70
9.4.6 Abschluss der Stunde.. 71

9.5 Die vierte Stunde – Isola Mairug 72
9.5.1 Der Wochenrückblick.. 72
9.5.2 Die Zaubersätze im Sitzen 72
Feedback zu der Kurzübung im Sitzen 73
9.5.3 Aufbruch zur Insel Mairug 73
Fantasiereise: Isola Mairug 75
9.5.4 Reflektion der Geschichte.. 79
9.5.5   Besprechung der Aufgabe zu Hause 80
9.5.6 Abschluss der Stunde.. 80

9.6 Die fünfte Stunde – Isola Bauwa 81
9.6.1 Der Wochenrückblick.. 81
9.6.2 Die Zaubersätze im Sitzen 81
Feedback zu der Kurzübung im Sitzen 82
9.6.3 Aufbruch zur Insel Bauwa 82
Aufbau des Lagers und Vorübung zur Erkundungsreise............ 83
Fantasiereise: Isola Bauwa 85
9.6.4 Reflektion der Geschichte.. 90
9.6.5 Besprechung der Aufgabe zu Hause 90
9.6.6 Abschluss der Stunde.. 91

9.7 Die sechste Stunde – Isola Herug 92

9.7.1 Der Wochenrückblick 92

9.7.2 Die Zaubersätze im Sitzen 92

Feedback zu der Kurzübung im Sitzen 93

9.7.3 Aufbruch zur Insel Herug 94

Fantasiereise: Isola Herug **96**

9.7.4 Reflektion der Geschichte 100

9.7.5 Besprechung der Aufgabe zu Hause 100

9.7.6 Abschluss der Stunde 101

9.8 Die siebte Stunde – Isola Kosti **102**

9.8.1 Der Wochenrückblick 102

9.8.2 Die Zaubersätze im Sitzen 102

Feedback zu der Kurzübung im Sitzen 104

9.8.3 Aufbruch zur letzten Reise auf die Insel Kosti 104

Fantasiereise: Isola Kosti 106

9.8.4 Reflektion der Geschichte 113

9.8.5 Abschluss des Kurses 114

10. *Kopiervorlagen* *115*

Schatzkarte **115**

Crew-Ausweise **116**

Urkunde **117**

11. *Kapitän Relaxi – Materialien* *118*

12. *Nachwort* *119*

1. Vorwort

Seit vielen Jahren biete ich Entspannungskurse für Kinder an. Bei Kindergartenkindern unterstützen Fantasiereisen mit autogenen Inhalten die Wirkung der Entspannungsverfahren.

Aus diesem Grund habe ich Kapitän Relaxi erschaffen. Er ist ein liebenswerter und weiser Piratenkapitän, der mit seiner Relaxi – Crew den großen Schatz des Autogenius Relaxius finden möchte.

Kapitän Relaxi nimmt dabei die Kinder mit auf eine Reise durch die Weltmeere. Dabei lernen sie sieben verschiedene Inseln kennen und entdecken deren Ureinwohner, die jedes Mal einen Zauberspruch mit auf den Weg geben. Die Isola Kosti ist die letzte der Inseln auf der sich auch der große Schatz des Autogenius Relaxius befindet. Diesen zu finden ist das Ziel der gesamten Relaxi – Crew unter der Leitung ihres Kapitäns. Nur wenn alle Kinder die Zaubersprüche aller Inseln kennen und können, lässt sich der Schatz des Autogenius Relaxius öffnen.

Auf spielerische Art und Weise lernen die Kinder die Formeln des klassischen Autogenen Trainings kennen. Motiviert den Schatz zu finden, üben sie zu Hause die Zaubersätze der einzelnen Inseln. Kapitän Relaxi hat weiter einen Mutspruch, den die Kinder in ihren Alltag mit einbauen:

mit Ruhe und Gelassenheit,

komm´ ich ans Ziel zu jeder Zeit

2. Was ist Autogenes Training

2.1 Die Kraft der Gedanken

Das Autogene Training ist eine konzentrative Selbstentspannung, eine auf Autosuggestion basierende Entspannungstechnik. Das bedeutet die Entspannung wird autogen (= aus sich selbst heraus) mithilfe konkreter Sätze (Formeln) erzeugt. Unser Gehirn unterscheidet nicht zwischen einem real erlebten oder aus der Erinnerung hervorgerufenen Ereignis. Die daraus folgende Körperreaktion ist gleich. Dieses Prinzip macht sich das Autogene Training zunutze. Der Übende suggeriert sich selbst in Gedanken einen Zustand, den er erreichen möchte. Dabei spricht er in der Gegenwart und signalisiert so, dass der Zustand bereits eingetreten ist.

Mit der ersten Formel „Ich bin ganz ruhig" kann sich eine in Autogenem Training geübte Person schnell aus einer akuten Stresssituation in einen Ruhezustand versetzen.

2.2 Der Begründer Johannes Heinrich Schulz

Das Autogene Training wurde von dem Neurologen und Psychiater Johannes Heinrich Schultz (1884 – 1970) begründet. Er kann als einer der Väter der modernen Psychotherapie betrachtet werden. Sein Verfahren ist ein Beispiel dafür, wie allein mit psychologischen Mitteln, hier durch Konzentration, körperliche Veränderungen erzielt werden können. Es ist somit ein psychosomatisches Verfahren.

2.3 Die Wirkung des Autogenen Trainings auf das Vegetative Nervensystem

Das Vegetative Nervensystem steuert die lebenswichtigen Vitalfunktionen wie Atmung, Verdauung, Wasserhaushalt und Stoffwechsel, sowie die Organe Herz, Magen, Geschlechtsorgane oder innere Augenmuskulatur. Diese Vorgänge geschehen weitgehend autonom, also ohne bewusste Beeinflussung. Deshalb wird häufig auch vom autonomen Nervensystem gesprochen.

Das vegetative Nervensystem lässt sich weiter unterteilen in

- das sympathische Nervensystem (Sympathikus)
- das parasympathische Nervensystem (Parasympathikus)
- das enterische (intramurale) Nervensystem.

Das enterische Nervensystem beeinflusst weitgehend die Verdauungsprozesse.

Der Sympathikus und der Parasympathikus wirken im Körper als Gegenspieler. Während der Sympathikus den Körper in einen Zustand höherer Aufmerksamkeit versetzt, ist der Parasympathikus für Ruhe und Erholung zuständig.

In einer Stress – oder Angstsituation beispielsweise löst der Sympathikus im Körper Alarmbereitschaft aus: das Herz schlägt schneller, die Atmung wird flacher, die Pupillen weiten sich und der Blutdruck steigt. Der Mensch wird in einen Zustand höchster Anspannung versetzt, dem Aktivität in Form von körperlicher Betätigung (Flucht, Angriff) folgen sollte. Im Anschluss daran würde der Parasympathikus dafür sorgen, dass Ruhe und Entspannung eintritt. Der Herzschlag verlangsamt sich, die Atmung wird ruhig und gleichmäßig, der Blutdruck sinkt und der Muskeltonus nimmt ab. Häufig besteht jedoch nicht die Möglichkeit die aufgebaute Körperanspannung adäquat abzubauen, so dass sich keine Erholungsphase einstellen kann. Eine permanente Anspannung ist die Folge.

Das Autogene Training wirkt gezielt auf das vegetative Nervensystem ein. Durch systematisches Training kann der Parasympathikus aktiviert und ein Tiefenentspannungszustand erreicht werden. Die Beeinflussung der autonomen Funktionen durch Autogenes Training ist wissenschaftlich belegt. Das Messen der Pulsfrequenz beispielsweise vor dem Autogenen Training und danach zeigt ein Absinken dieser. Weiter wird eine Erhöhung der Körpertemperatur bei der Suggestion der Wärmeformel festgestellt.

Nachweis der Entspannungsreaktion auf das Autogene Training

Das Aufzeigen der körperlichen Wirkung eines Entspannungsverfahrens ist für die Teilnehmer sehr interessant. Es gibt einen leicht durchzuführenden Nachweis.

Pulskontrolle

Bitten Sie ihre Teilnehmer unmittelbar vor dem Autogenen Training den Puls am Handgelenk oder am Hals zu spüren. Anschließend werden die Pulsschläge für 15 Sekunden lang gezählt. Sie als Kursleiter überprüfen die Zeit. Bei Erwachsenen wird die Anzahl der Pulsschläge mit vier multipliziert, bei Kindern reicht die Anzahl an sich. Führen Sie dann das Autogene Training durch und halten Sie die Teilnehmer an unmittelbar nach der Rücknahme die Pulsfrequenz erneut zu überprüfen. Sie als Kursleiter stoppen die Zeit (erneut 15 Sekunden). Es lässt sich ein Absinken der Pulsfrequenz feststellen.

3. Entspannung für Kinder

Autogenes Training hat nachweislich eine heilende Wirkung bei Stressbedingten und psychosomatischen Erkrankungen und ist vielen Erwachsenen seit Jahrzenten bekannt. Begleitend wird es neben der Progressiven Muskelentspannung in der Psychotherapie oder in Psychosomatischen Kliniken eingesetzt.

In der Gesundheitsprävention bieten gesetzliche Krankenkassen Entspannungskurse in Autogenem Training an, in denen die Kursteilnehmer das Verfahren erlernen und in ihren Alltag einbauen können.

Ein Gleichgewicht zwischen Anspannung und Entspannung ist für einen gesunden Körper und Geist wichtig. Dies gilt für Erwachsene und auch für Kinder. Jeder Aktivierung unseres Körpers würde natürlicherweise eine Erholungsphase folgen, wenn wir dies zuließen. Oftmals ist für die Entspannungssequenz keine Zeit, so dass einer Aktivierung die nächste folgt und die nächste…Die Anspannung bleibt damit aufrecht erhalten.

Sicherlich ist ein körperlicher Ausgleich für Kinder wichtig. Die mangelnde Bewegung in der Schule gilt es durch sportliche Betätigung auszugleichen. Das fördert die Intelligenz, das Sozialverhalten, die Teamfähigkeit und baut effektiv Stresshormone ab.

Entscheidend dabei ist, dass jeder Aktivität eine Ruhepause folgt. Eine Zeit, in der sich das Kind entspannen und mit sich alleine sein kann.
Eine Zeit, in der keine neuen Reize einströmen, es nichts Neues zu verarbeiten gibt. Eine Zeit, in der das Kind aufarbeiten, nachdenken, träumen kann.

Die Fülle an Aktivitäten lösen in Kindern oft eine Ablehnung gegenüber festen Strukturen aus und ein Verlangen nach neuen Reizen. So können sie Tagesabschnitte mit monotonen Strukturen wie etwa in der Schule, bei den Hausaufgaben, beim Essen, zur Bettgehzeit verunsichern und unruhig werden lassen.

Ein wichtiges Ziel der Entspannung mit Kindern ist demnach, ihnen Stillemomente und Ruheoasen als etwas Angenehmes und Sinnhaftes zu vermitteln.

Von Vorteil ist dabei, dass Kinder Autogenes Training sehr leicht und schnell erlernen. Weiter sind sie sehr motiviert zu Hause zu üben.

Das allerwichtigste bei einem Entspannungskurs mit Kindern ist jedoch der Spaß!!! Nur damit werden Kinder motiviert und fühlen sich in der Gruppe wohl.

4. Kinder lernen Autogenes Training mit Kapitän Relaxi

Kapitän Relaxi nimmt die Kinder jede Woche mit auf eine neue Insel, um Zaubersprüche zu sammeln und so dem großen Schatz des Autogenius Relaxius näher zu kommen. Die Zaubersprüche sind in Fantasiereisen verpackt und werden den Kindern von den Ureinwohnern der Inseln näher gebracht.

So erlernen die Kinder was jeder einzelne Zauberspruch in ihrem Körper bewirkt und wofür er gut ist. Kapitän Relaxi zeigt den Kindern die richtige Liegeposition, um mit auf Erkundungsreise gehen zu können und bespricht mit Ihnen, wie und vor allem wann sie die Zaubersätze zu Hause einbauen können.

4.1 Körperhaltung

Das Autogene Training kann im Sitzen oder im Liegen durchgeführt werden. Für den Alltag hat sich das Einüben im Sitzen als praktikabel erwiesen, da die Kinder ihre Formeln gezielt in der Schule, im Bus und vor den Hausaufgaben einsetzen können. Deshalb werden zu Anfang jeder Kursstunde die bereits erlernten Zaubersprüche im Sitzen am Lagerplatz wiederholt. Erst dann macht sich die Relaxi – Crew auf den Weg zur nächsten Insel.

Die Erkundungsreisen mit Kapitän Relaxi finden im Liegen statt. Auf diese Weise lernen die Kinder in jeder Kursstunde beide Körperhaltungen kennen.

Sitzposition: Das Kind setzt sich auf einen Stuhl; beide Beine stehen fest auf dem Boden und die Hände liegen locker auf den Oberschenkeln. Der Rücken kann die Stuhllehne berühren. Der Kopf ist gerade nach vorne.

Variante: Das Kind lehnt sich mit dem Rücken, auf dem Boden sitzend, an die Wand. Die Beine sind ausgestreckt und die Hände liegen auf den Oberschenkeln oder neben dem Körper. Der Kopf kann aufrecht gehalten oder an die Wand angelehnt werden.

Wichtig ist dabei, dass sich das Kind in der Position wohl fühlt.

Liegeposition: Das Kind liegt auf dem Rücken. Die Beine sind ausgestreckt und die Arme liegen neben dem Körper. Die Hände können jedoch auf den Bauch gelegt werden, wenn es für das Kind angenehmer ist. Der Kopf liegt auf dem Boden auf, gerne kann auch ein Kissen untergelegt werden. Manchen Kindern ist es angenehmer, wenn sie mit einer Decke zugedeckt werden. Diesem Wunsch können Sie jederzeit nachgehen.

Auch hier gilt: die Entspannungshaltung soll angenehm für das Kind sein.

Achtung: manche Kinder legen sich gerne unter Tische oder Stühle. Die Erfahrung zeigt, dass die Konzentration dadurch gestört ist und die Kinder abgelenkt werden.

Kinder dürfen jede Sitz- und Liegeposition einnehmen, die ihnen angenehm scheint. Es gibt keine feste Regel. Die Rückenlage hat sich jedoch als die effektivste erwiesen. In dieser Position kann man lange still und ruhig liegen bleiben.

4.2 Die Wirkung von Autogenem Training auf Körper, Geist und Seele

Die Wirkungen, die Autogenes Training bei einem Menschen hervorruft, sind nichts Außergewöhnliches, sondern normale Verhaltensrepertoires, die in jedem schlummern.

Gerade Kindern, die ein sehr gutes bildhaftes Vorstellungsvermögen haben, fällt die Erlernung des Autogenen Trainings sehr leicht.

Autogenes Training fördert:

- die Selbstkontrolle

Das Kind richtet seine Aufmerksamkeit gezielt auf bestimmte Körperfunktionen und versucht diese zu beeinflussen. Es entsteht eine gesteigerte Körperwahrnehmung.

- die Schulung der Konzentration

„Denken lenken" ist die Basis jeder konzentrativen Entspannungsmethode und bedeutet, dass das Kind seine Aufmerksamkeit trainiert, genau das wahrzunehmen, was es möchte. Unerwünschte Außenreize können damit besser ignoriert werden.

- die Beruhigung

Autogenes Training löst eine körperliche Entspannungsreaktion aus, die zu einer allgemeinen Ruhe führt.

- die Steigerung des Wohlbefindens

Autogenes Training bewirkt durch die Ruhe, Kontrolle und Konzentrationssteigerung ein inneres Wohlbefinden.

4.3 Anwendungsgebiete bei Kindern

Zu den Anwendungsgebieten des Autogenen Trainings bei Kindern zählen:

- Stressbedingte Störungsformen
- Angststörungen
- Aggressives Verhalten
- Belastungs- – und Anpassungsstörungen
- Sprechstörungen
- Bluthochdruck
- Bauch – und Magenbeschwerden
- Migräne/Verspannungskopfmerzen
- Akute und chronische Schmerzzustände
- Schlafstörungen

Achtung: Bei Psychosen und schwerer Depression ist das Autogene Training kontraindiziert. Hier findet die Progressive Muskelentspannung ihre Anwendung.

Das Autogene Training kann als eigene und einzige Behandlungsmethode eingesetzt werden. Im klinischen Bereich wird es jedoch häufig als therapeutische Begleitmaßnahme angewandt, um die Kinder auf die eigentliche Therapie vorzubereiten. Der Behandlungserfolg kann dadurch beschleunigt werden und das Kind erfährt Stabilisierung. In diesem Fall ist das Autogene Training eine Behandlungsstrategie.

4.4 Die Entspannungsreaktion

Entspannungsverfahren und somit auch das Autogene Training erzeugen, wenn sie über einen längeren Zeitraum angewendet werden, eine Veränderung der Gehirnfunktion und der Körperwahrnehmung.

Psychische Kennzeichen für eine Entspannungsreaktion sind ein Gefühl zunehmender körperlicher und geistiger Gelöstheit, eine Gelassenheit gegenüber Außenreizen und des eigenen Erlebens und eine gefühlte geistige Frische nach den Übungen.

Die körperlichen Kennzeichen sind die Verlangsamung des Herzschlags, des Pulses und der Atemfrequenz, die Abnahme des Muskeltonus´, die Anregung der Verdauung, die Zunahme des Speichflusses, die Anregung der Nieren- und Bauchspeicheldrüsentätigkeit und die Verengung der Pupillen.

5. Voraussetzungen für ein gelingendes Entspannungstraining

5.1 Äußere Rahmenbedingungen

5.1.1 Gruppengröße

Die Gruppengröße spielt bei Kindern eine große Rolle. Erfahrungswerte zeigen folgende Konstellationen als sehr günstig an:

- 4-6 Jahre und max. 6 Kinder, besser 4

- 6-7 Jahre und max. 6 Kinder

- 8-10 Jahre und max. 8 Kinder

- 10-12 Jahre und max. 8 Kinder

- 13-15 Jahre und max. 10 Kinder

(Diese Angaben basieren auf eigenen Erfahrungswerten.)

Bei Kinder mit klinischem Hintergrund (ADHS, Konzentrationsstörungen…) empfiehlt sich eine Gruppengröße von max. 4 Kindern.

5.1.2 Material

Für die Übungen im Sitzen können entsprechend der Körpergröße der Kinder Stühle bereitgestellt werden. Die Füße der Kinder sollten fest auf dem Boden stehen – bei kleineren Teilnehmern kann man eine Decke darunter legen oder einen kleinen Schemel bereitstellen. Kinder sitzen gerne auf dem Boden, so dass hier

Sitz– oder Yogakissen ausreichend sind. Vor allem bei unruhigeren Kindern eignet sich das Sitzen auf dem Boden sehr gut.

Für das Training im Liegen sollten Yoga – Matten zur Verfügung stehen oder dicke Decken. Die Teilnehmer können jedoch auch selbst etwas zum Liegen mitbringen.

Für Kinder gilt: Sie dürfen sich setzen und legen wie sie möchten – wichtig ist, dass sie in dieser Position länger ruhig verharren können.

5.1.3 Angenehme Raumtemperatur und Raumbelüftung

- Angenehme Gestaltung des Lichts (kein zu helles Licht, eher abgedunkelt, Kerzenlicht)

- Musik nur bei Fantasiereisen zur Unterstützung der Vorstellungskraft:

  - o Meeresfantasiereise – Meeresrauschen
  - o Waldspaziergang – Vogelgesang
  - o Bergwanderung – Wasserfall

- Vorbeugung gegen Einschlafneigung – vermeiden Sie:

  - o zu lange Übungsphasen
  - o Tageszeiten, zu denen die Kinder ohnehin schon müde und erschöpft sind
  - o Liegeposition
  - o zu wenige Instruktionen
- die Kinder sollten bequeme Kleidung tragen
- Störungen haben Vorrang

- stellen Sie etwas zu trinken bereit oder lassen Sie die Kinder selbst etwas mitnehmen

> Die Kunst, einen Entspannungszustand herzustellen, besteht darin, den Reizeinstrom soweit zu verringern, dass das Niveau und der Wachheitsgrad abnehmen, allerdings nicht soweit, dass die Übenden einschlafen.[1]

6. Kapitän Relaxi – Kursorganisation

6.1 Gruppengröße und Alter der Kinder

An einem Kapitän Relaxi Kurs können insgesamt acht Kinder zwischen fünf bis neun Jahren teilnehmen. Achten Sie bei der Alterszusammenstellung auf die in Seite 21 niedergeschriebenen Erfahrungswerte.

6.2 Kursdauer

Die Crew fährt gemeinsam mit ihrem Kapitän sieben Inseln an. Der Kurs dauert demnach sieben Treffen zzgl. einem Elternabend. Zeitlich können Sie 75 – 90 Minuten ansetzen. Je jünger die Kinder sind, desto kürzer sollten Sie die Einheit machen. In meinen Kursen zeigte sich, dass die Kinder Zeit zum Malen und auch

---

[1] Petermann/Vaitl: Entspannungsverfahren – das Praxishandbuch, Beltz PVU, 2009, 4. Auflage, S. 34

spielen brauchen. Unter Zeitdruck zu stehen, ist kontraproduktiv, so dass Sie besser einen zeitlichen Puffer einbauen.

6.3 Vorbereitungen und Materialien

Die Utensilien, die Sie benötigen, um einen Kurs mit Kapitän Relaxi abhalten zu können, unterscheiden sich nicht wesentlich von anderen Entspannungskursen mit Kindern.

6.3.1 Materialien – Checkliste

- Yogamatten/Gymnastikmatten – pro Kind eine Matte
- Yogakissen/Sitzkissen – pro Kind ein Kissen
- Decken – pro Kind eine Decke
- Ein Blatt Din A 4
- Sticker (optional lustige Piratensticker)
- eine Piratenschatzkiste mit Goldmünzen
- ein Stoffpapagei
- ein Bild von Kapitän Relaxi (Kopiervorlage Kapitel 10)
- Crew-Ausweis – pro Kind ein Ausweis (Kopiervorlage Kapitel 10)
- Musik mit Meeresrauschen
- Musik mit Tropenwaldgeräuschen
- Kapitän-Relaxi – Urkunden (Kopiervorlage Kapitel 10)

Optional:
Kapitän-Relaxi – Medaillen (Abschlussgeschenk)
Kapitän-Relaxi – Crew Shirt

6.4 Raumausstattung

Die Kapitän Relaxi – Crew fährt in jeder Stunde von einer Insel zur nächsten. In dem Entspannungsraum sollte es deshalb die Möglichkeit geben auf der einen Seite ein Lager mit den Yogakissen und auf der anderen Seite das Boot mit den Matten auf zu bauen.

Vorschlag für eine Raumgestaltung:

Das Kapitän Relaxi Schiff

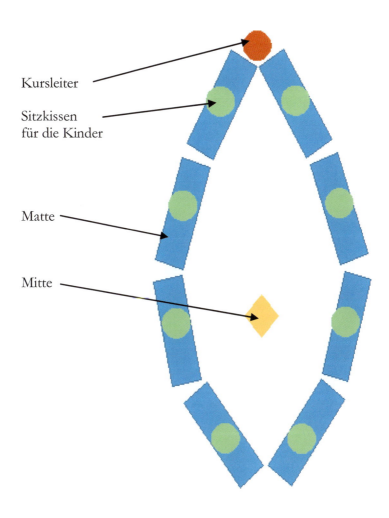

Das Lager auf den Inseln

Die Crew-Mitglieder treffen sich zu Beginn jeder Stunde an ihrem Lagerplatz. Diesen baut der Kursleiter vor Eintreffen der Crew-Mitglieder auf.

Dort finden die Begrüßung, der Wochenrückblick und die Wiederholung der bereits erlernten Zaubersätze statt.

Im Anschluss bricht die Crew auf zur nächsten Insel. Dazu bauen die Kinder ihr Lager zum Kapitän-Relaxi Schiff um. Damit ein mentaler Ortswechsel stattfinden kann, eignet sich ein Raum, der groß genug ist, um auf einer anderen Seite das Schiff aufbauen zu können. Sollte dies nicht möglich sein, lassen Sie die Kinder das

Lager abbauen, im Raum herum gehen und schließlich an der ursprünglichen Stelle das Schiff bauen.

Nachdem Sie das Meer durchquert haben, setzt das Schiff den Anker und die Crewmitglieder suchen sich auf der neuen Insel einen passenden Lagerplatz. Hier bauen Sie nun das Lager wieder auf, um auf Erkundungsreise mit Kapitän Relaxi gehen zu können.

6.5 Die Mitte

Der Aufbau einer „Mitte" ermöglicht es Menschen sich in einer fremden Gruppe oder einer neuen Situation auf etwas konzentrieren zu können. Der Blick muss nicht suchend umherschweifen, sondern kann auf einem Gegenstand in der Mitte ruhen. Diese Möglichkeit beruhigt und entspannt. Nicht alle Teilnehmer möchten bereits ab der ersten Kursstunde die Augen während der Entspannungseinheit schließen; die Fixation auf einen Punkt in der Mitte ermöglicht es ihnen mit geöffneten Augen entspannen zu können.

In einem Kinderkurs erfüllt die Mitte weiter den Zweck, die Neugierde zu wecken. Unter einem Tuch oder in einer Schatzkiste lässt sich einiges verstecken, das zur Vorbereitung auf das Stundenthema dient.

6.6 Elternabend

Jedem Entspannungskurs mit Kindern sollte ein Elternabend voraus gehen.

Das Training der Kinder zu Hause gestaltet sich wesentlich einfacher, wenn die Eltern hier Interesse und Anteilnahme zeigen. In dem Elternabend ist es daher sehr wichtig, die Eltern von der Wirksamkeit des angebotenen Entspannungsverfahrens zu überzeugen. Eltern sind daran interessiert welche Methoden mit dem Kind eingeübt werden. Sie wollen wissen, was genau ihr Kind in dem Kurs lernt und wie es sich anfühlt.

Suchen Sie sich eine Kurssequenz für den Elternabend aus und führen diesen praktisch mit den Eltern durch. Die körperliche Wirkung des Autogenen Trainings lässt sich sehr gut mit dem „Zitronentest" zeigen.

Zitronentest

Schließen Sie nun die Augen – Pause -
Stellen Sie sich vor, Sie haben vor sich eine wunderschöne gelbe und saftige Zitrone liegen – Pause -
Stellen Sie sich weiter vor, Sie nehmen diese in die Hand und riechen daran. Sie können durch die Schale hindurch schon das Säuerliche riechen – Pause -.
Nun schneiden Sie in Ihrer Vorstellung die Zitrone in zwei Hälften. Der Zitronensaft quillt heraus und läuft über Ihre Hände. Sie nehmen die eine Hälfte in die Hand und riechen wieder daran. Nun können Sie schon sehr viel deutlicher die Säure riechen – Pause –

Und nun stellen Sie sich vor, Sie führen eine Hälfte langsam zum Mund –
Pause –
und beißen herzhaft in die Zitrone.

Sie dürfen die Augen wieder öffnen….

Im Anschluss fragen Sie die Eltern nach ihren körperlichen Empfindungen während dieser Imagination. Oft treten körperliche Reaktionen wie Speichelfluss, Gänsehaut und Mundtrockenheit auf.

Der Zitronentest zeigt sehr gut die Wirkungsweise des Autogenen Trainings. Man stellt sich bildhaft etwas vor und der Körper reagiert, als würde es wirklich geschehen. Das Gehirn unterscheidet nicht zwischen Erinnerung und Realität – in beiden Fällen reagiert der Körper gleich.

Im weiteren Verlauf des Elternabends gehen Sie mit den Eltern die verschiedenen Inseln der Kapitän Relaxi Crew durch.

Hierzu können Sie sich die Schatzkarte aus dem Buch kopieren oder zeigen.

Erklären Sie den Eltern die Inselabkürzungen und den Sinn der Zaubersätze. In jeder Inselgeschichte erfahren die Kinder welche positive Wirkung der Zaubersatz hat, wann und wie oft die Kinder ihn üben sollen.

Der Entspannungskurs mit Kapitän Relaxi folgt bestimmten Ritualen, die in sich das Ziel verfolgen, Kindern das „zur Ruhe kommen" zu ermöglichen. Es ist sinnvoll am Elternabend diese gleichmäßigen Abläufe zu besprechen.

7. Kapitän Relaxi – die Schatzkarte

8. Das Kapitän Relaxi Lied
(Melodie: Probier's mal mit Gemütlichkeit)

Wir sind die Kapitän Relaxi – Crew,
die Kapitän Relaxi – Crew!
Kummer, Ängste, Sorgen sind uns fern.
Denn mit Ruhe und Gelassenheit
kommen wir ans Ziel zu jederzeit
und finden den Schatz – ja, wir sind jetzt bereit!

Wir sind die Kapitän Relaxi – Crew,
die Kapitän Relaxi – Crew!
Kummer, Ängste, Sorgen sind uns fern.
Denn mit Ruhe und Gelassenheit
kommen wir ans Ziel zu jederzeit
und finden den Schatz – ja, wir sind jetzt bereit!

Wir fahren übers Meer
mit viel Genuss,
und finden den Schatz
von Relaxius!

Wir lernen viele Zaubersätze,
die uns helfen in der Alltagshetze,
und Neues nehmen wir gelassen hin,
weil wir jetzt mutig und voller Kräfte sin´.
Und eins das wissen wir ganz genau….
Mit Ruhe und Gelassenheit –

komm ich ans Ziel zu jeder Zeit

9. Kursaufbau Kapitän Relaxi im Überblick

1. Begrüßungsrunde, Kennenlernen, Wochenrückblick am Lagerplatz

2. Wiederholung der Zaubersprüche im Sitzen (erst ab Stunde zwei möglich) - Entspannung im Sitzen

3. Kapitän Relaxi Lied

4. Aufbruch zur nächsten Insel
   Lagerabbau und Schiffsaufbau

5. Überquerung des Meeres zur nächsten Insel

6. Ankunft auf der nächsten Insel
   Anker setzen, Schiffabbau und Lagerplatzaufbau

7. Erkundungsreise mit Kapitän Relaxi - Inselgeschichte
   Entspannung im Liegen

8. Reflektion der Geschichte
   Bild malen oder Gespräch über die Geschichte

9. Besprechen der Aufgaben zu Hause

10. Sticker aufkleben

11. Abschlussritual

9.1 Erklärung der Inselnamen

Die Inselnamen ergeben die Formel des Autogenen Trainings, die die Kinder in der jeweiligen Stunde lernen. Erklären Sie den Kindern diesen Zusammenhang, so können sie sich die Namen leichter merken. Anfangs werden sie sicherlich neugierig sein, warum die Inseln so seltsame Namen haben.

Isola IBIGARU =   Ich bin ganz ruhig

Isola ABESCHWE =   meine
                                Arme und Beine
                                sind angenehm
                                schwer

Isola ABEWA =   meine
                                Arme und Beine
                                sind
                                warm

Isola MAIRUG =   mein Atem
I = Hilfsvokal   geht
                                ruhig und gleichmäßig

Isola BAUWA =   mein
                                Bauch
                                ist wohlig
                                warm

Isola Herug =

mein
Herz
schlägt
ruhig und gleichmäßig

Isola Kosti =

Kopf
und
Stirn
angenehm kühl

9.2 Die erste Stunde – Isola IBIGARU

9.2.2 Das Kennenlernen

Kommen Kinder neu in einer Gruppe zusammen, eignen sich Kennen Lernspiele gut, um eine entspannte Atmosphäre zu schaffen. Im Folgenden finden Sie ein paar Beispiele.

Bäumchen, Bäumchen wechsle dich

Material: 1 Yogakissen weniger als Kinder
Alter: ab 3 Jahre

Die Kinder sitzen im Kreis auf Kissen. Das Kind ohne Yogakissen steht in der Mitte und ruft: "Bäumchen, Bäumchen, wechsle dich!" Nach diesem Kommando müssen die anderen Kinder rasch ihre

Plätze wechseln. Das Kind in der Mitte läuft auch los und versucht einen Platz zu bekommen. Das Kind, das kein Yogakissen erreichen konnte, steht nun in der Mitte und setzt das Spiel in beschriebener Weise fort.

Namensmaschine

Material: keines
Alter: ab 6 Jahre

Alle Kinder stehen im Kreis. Die Kinder nennen nacheinander ihre Namen und machen jeweils eine Bewegung, die zu den Silben ihres Namens passt (Kopfschütteln, in die Knie gehen, hüpfen, kraulen etc.). Alle anderen müssen den Namen und auch die entsprechende Bewegung wiederholen.
Ist die Runde einmal um, dann beginnt der Spielleiter die Namensmaschine in Gang zu setzen. Die erste Person fängt wieder an, ihren Namen und die dazugehörige Bewegung zu machen und tut dies immer wieder. Der zweite Spieler setzt ein, mit seinem Namen und seiner Bewegung, usw. bis alle Mitspieler beschäftigt sind. Der Spielleiter schaltet die Maschine nun lauter und leiser und bei Berührung stellt er Teile aus.

Mein rechter, rechter Platz ist frei

Material: 1 Yogakissen mehr als Kinder
Alter: ab 6 Jahre

Die Kinder bilden einen Kreis. Es gibt einen Platz mehr, als Mitspieler. Das Kind links vom freien Platz klopft mit der Hand auf den freien Platz und spricht: "Mein rechter, rechter Platz ist frei, ich wünsche mir die/den ... (Namen des Kindes) herbei". Das gerufene Kind läuft nun zum freien Platz und setzt sich. Das nächste Kind, neben dem nun freien Platz, macht weiter.

9.2.3 Einführung in die Reise mit Kapitän Relaxi

Geschichte zu Kapitän Relaxi

Kapitän Relaxi ist ein weiser, gutmütiger Kapitän, der mit Euch Kindern den großen Schatz des Autogenius Relaxius finden möchte. Gemeinsam mit ihm werdet Ihr neue Inseln und deren Ureinwohner kennen lernen und von jeder Insel nehmt Ihr einen Zaubersatz mit, den Ihr gut lernen und üben müsst, damit Ihr gemeinsam am Ende Eurer Reise, den Schatz finden könnt. Jeder von Euch muss auf unserer letzten Fahrt alle Zaubersätze wissen, damit sich der Schatz zeigen kann.

Einführung in das Autogene Training und Erklärung der Wirkung

Die Zaubersätze wirken sich beruhigend auf Euren Körper aus. Wann braucht Ihr denn Ruhe? Mit den Kindern sammeln, wann man Stille/Ruhe etc. braucht.

Die Zaubersätze helfen Dir auch, wenn Du Dich konzentrieren musst? Was heißt denn das? Den Begriff Konzentration erklären und sammeln, wann man sich konzentrieren muss (Bsp. Bild malen, Hausaufgaben, Vorschulblatt, Aufführung…).

Die Zaubersätze helfen Dir auch, wenn Du wütend bist oder Angst hast. Sie stärken Dich und helfen Dir beides zu bewältigen. Was macht Dich denn wütend? Wann hast Du denn Angst? Sollten von den Kindern keine Beispiele kommen, dann bieten Sie als Kursleiter Beispiele an. *Also ich habe Angst, wenn es dunkel ist und ich schlafen soll! Manchmal bin ich wütend und weiß nicht, warum. Geht es Euch auch so?* Lassen Sie den Kindern Zeit zu reagieren…

Ich zeig Dir jetzt, wie die Zaubersätze wirken an einem Beispiel. (Zitronentest S. 28)

Nach diesem Beispiel besprechen Sie mit den Kindern die vielleicht aufgetretenen Körperreaktionen.

Konntest Du Dir die Zitrone vorstellen? Hast Du vielleicht den Duft der Zitrone gerochen? Und als Du reingebissen hattest, wie hat sich das angefühlt? Wie hat Dein Körper reagiert?...

Das Autogene Training funktioniert genauso! Du stellt Dir etwas in Deinem Kopf vor, Du denkst Dir etwas und Dein Körper reagiert darauf…Lass uns das mit den Zaubersätzen ausprobieren!

9.2.4 Die Crew-Ausweise

Motivation und Spaß stehen an erster Stelle bei Entspannungskursen mit Kindern. So auch bei der Reise mit Kapitän Relaxi.

Die Kapitän Relaxi Crew kann nur gemeinsam den großen Schatz des Autogenius Relaxius finden. Dazu ist es wichtig, die Stärken und Ressourcen der einzelnen Crew Mitglieder zu kennen.

Die Kinder schreiben oder malen ihre Stärken auf die Ausweise und stellen diese den anderen Crewmitgliedern vor. Bestimmt kann jedes Kind etwas besonders gut, ist auf etwas besonders stolz oder findet etwas an sich besonders schön. Helfen Sie als Kursleiter den Kindern eine Ressource zu entdecken, sollten manche Schwierigkeiten damit haben.

Kinder, die bereits Schreiben können, notieren ihre Stärke schriftlich auf dem Ausweis. Jüngere Kinder denken sich ein Symbol aus, das sie malen können.

Beispiel:

„Ich kann gut Fußball spielen." – Symbol: ein Fußball

„Ich kann gut singen" – Symbol: Liednoten

Crew-Mitglied: (Name)

Meine Stärken sind:

Die Crew-Ausweise können in Namensschilder eingelegt und bei jedem Treffen angeheftet werden. Sie können aber auch auf das Din A 4 Papier geklebt werden, auf das die „Belohnungssticker" am Ende jeder Stunde angebracht werden.

9.2.5 Aufbruch zur Insel Ibigaru

Bevor die Crew-Mitglieder zur nächsten Insel aufbrechen, singen sie das Kapitän Relaxi Lied (S.31).

Anschließend packen die Crew-Mitglieder das Lager zusammen, nehmen alle Matten, Yogakissen (Sitzkissen) und auch die Mitte (Bild von Kapitän Relaxi, Stoffpapagei, Schatzkiste mit Gold) mit. Aus den Matten und Kissen wird gemeinsam das Schiff gebaut. Die Kinder nehmen auf ihren Sitzen Platz und beginnen kräftig zu rudern. Sie als Kursleiter bestimmen die Rudergeschwindigkeit. Sie können das Gefühl auf dem Meer zu sein, verstärken, in dem Sie „Meeresrauschen" als Hintergrundmusik einstellen.

Sie als Kursleiter nehmen Kapitän Relaxis Platz ein und führen die Crew sicher zur nächsten Insel. Für die Überfahrt sind Ihrer Fantasie keine Grenzen gesetzt.

Als Anregung eine kleine Einführung:

Liebe Crew-Mitglieder,

wir brechen nun zur Insel Ibigaru auf. Das erste Ziel unserer gemeinsamen Reise. Wir haben wunderschönes Wetter: die Sonne scheint und das Meer ist angenehm ruhig.

Leider geht zu wenig Wind, so dass wir die Segel nicht setzen können. Wir müssen rudern. Anker lösen…

Bitte nehmt alle Eure Ruder (unsichtbar) in die Hand – und alle gleichzeitig nach oben…und unten…..hoch….und runter….

Als Kursleiter machen Sie die Bewegungen mit. Stellen Sie sich dabei vor, Sie hätten ein richtiges Ruder in der Hand.

Mit Hilfe der Ruderbewegungen können die Kinder überschüssige Energien abbauen, lernen sich in die Gruppe einzufügen (nur wenn alle im selben Rhythmus rudern, kommt das Schiff voran) und erleben, wie sich schwere Arme anfühlen. Ein Effekt, den Sie sich in der zweiten Stunde zu Nutze machen können. Gerne können Sie die Kinder vorsichtig die Seiten wechseln lassen.

Die Insel ist in Sicht und der Anker wird gesetzt. Natürlich kann das Schiff nicht bis an den Strand fahren, so dass die Crew durch das Wasser waten muss, um an den Strand zu gelangen. Als Vorschlag könnten Sie folgendes sagen:

Liebe Crew,

ich kann die Insel Ibigaru bereits sehen. Sehr Ihr sie auch? Lasst uns noch ein wenig näher heranfahren, um dann den Anker zu setzen.

Sie bestimmen ein Kind, das heute den Anker auswerfen darf. Sobald das Schiff fest liegt, packt die Crew ihr Gepäck (Kissen, Matten und Mitte) zusammen und steigt in das hüfthohe, warme Meereswasser.

Um zur Insel zu gelangen, müssen wir durch das Meer waten. Es ist nicht besonders hoch. Es reicht uns bis zur Hüfte.

Sie steigen als erster aus und marschieren mit angestrengten Bein- und Armbewegungen durch das Meer.

Spürt Ihr, wie Eure Beine ganz schwer werden. Durch das Wasser zu gehen, kostet viel Kraft.

Auf der Insel angekommen, können Sie die Hintergrundmusik „Meeresrauschen" verklingen lassen und Urwaldgeräusche einlegen. Gemeinsam können Sie sich im Lauschen der Geräusche auf die Insel einstimmen.

Seid mal ganz leise! Hört Ihr die Geräusche? Was genau hört ihr denn?

Eine Minute lang sollen die Kinder aufmerksam hören und sich merken, welche Geräusche sie wahrnehmen. Am Ende der Minute, dürfen die Kinder sagen, was sie gehört haben.

Im Anschluss suchen sich die Kinder ihren Lagerplatz und bauen ihr Lager auf. Jedes Kind sucht sich eine Matte und legt sich darauf. Jetzt kann die erste Geschichte mit Kapitän Relaxi beginnen.

Fantasiereise: Isola Ibigaru

Vorbereitung für die Erkundungsreise auf der Isola Ibigaru

Kapitän Relaxi sagt Dir nun, wie Du Dich hinlegen kannst, um mit ihm auf Erkundungsreise durch die Insel IBIGARU zu gehen. Schließe dazu Deine Augen, damit Du Dir die Insel in Gedanken und in Deinem Kopf gut vorstellen kannst.

Lege Dich auf den Rücken, Deine Arme liegen ganz locker neben Deinem Körper. Spür mal, ob Dich etwas stört – etwas kneift oder zwickt. Dein Kopf liegt gerade auf dem Kissen. Spür´, ob das angenehm ist für Dich!

Stell Dir vor, Kapitän Relaxi würde Dir nun eine Decke auf Deine Füße und Beine – Deine Hände und Arme – Deinen Brustkorb und wenn Du möchtest auch über Deine Schultern legen. Du merkst, wie Dich die Decke wärmt und bekommst ein ganz wohliges Gefühl.

Stell Dir vor, ein kleiner Windhauch bläst Dich an und nimmt all Deine Gedanken mit, damit Du Dich ganz auf Kapitän Relaxis Inselgeschichte konzentrieren kannst.

Versuche Dir alles ganz genau vorzustellen. Am besten, Du stellst Dir Bilder dazu vor. Dann siehst Du wie die Insel Ibigaru aussieht und kannst sie mit Kapitän Relaxi erkunden.

Isola Ibigaru

Du liegst in der Mitte der Insel auf dem weichen, warmen Erdboden eures Lagerplatzes. Der Boden ist weich wie eine Kuscheldecke und Du fühlst Dich richtig wohl.

Die Sonne scheint warm durch die Blätter der Tropenbäume auf Deinen Körper. Sie wärmt Dich.

Dein Körper wird ruhiger und ruhiger. Deine Stirn ist ganz ruhig, Deine Augen sind ganz ruhig und Dein Mund ist ganz ruhig. Deine Arme liegen ganz ruhig neben Deinem Körper und auch Deine Beine sind jetzt ganz ruhig.

Und so ruhig wie Du jetzt bist, nimmt Dich Kapitän Relaxi mit auf seine Erkundungsreise durch die Insel IBIGARU.

Er führt Dich durch den Tropenwald, in dem es wunderschöne Tiere gibt. Der Wald ist angenehm warm und hell, denn durch die Bäume scheint die warme Sonne hindurch, die alles hell erleuchtet. Die Blätter der Bäume und Sträucher glänzen im Licht der Sonne. In einem Tropenwald, erklärt Dir Kapitän Relaxi, ist ganz hohe Luftfeuchtigkeit. Das heißt, es befinden sich viele kleine Wasserperlen auf den Blättern, die wie kleine Diamanten und Edelsteine im Sonnenlicht funkeln.

Ihr geht weiter auf dem weichen und angenehm warmen Boden und kommt schließlich an eine Stelle mit wunderschönen tropischen Blumen. Die Blumen haben die allerschönsten Farben. Rot, Rosa, Gelb, Türkis, Orange, Blau und noch viele mehr.

Alle sind auf ihre Art etwas Besonderes. Es ist eine richtig große Blumenwiese mitten im Wald. Die Sonne scheint direkt auf sie. Die Blumen bewegen sich durch den leichten und warmen Wind sanft hin und her. Du hast das Gefühl die Blumen sängen ein Lied, während Sie sich sanft hin und her bewegen. Die sanften gleichmäßigen Bewegungen der Blumen machen Dich ganz ruhig.

Kapitän Relaxi erzählt Dir, dass diese Blumen die Zauberblumen der Insel IBIGARU sind. Sie können Menschen, Tieren und Pflanzen Rat geben und ihnen bei ihren Sorgen, Ängsten und Nöten helfen.

Neugierig fragst Du Kapitän Relaxi, ob Du zu den Blumen gehen kannst. Er nickt lächelnd. Du bist gespannt, welchen Zauberspruch die Blumen für Dich haben. Du suchst Dir eine Blume aus und gehst zu ihr hin. Dabei siehst Du sie Dir ganz genau an. Ihre Farbe, Ihre Form, Du nimmst Ihren angenehmen Blumenduft war. Dann Du hältst Dein Ohr ganz nah an die Blüte Deiner Blume und Du hörst eine zarte und schöne Stimme sagen:

„Ruhe ist eine Kraft mit der Du alle Ängste, Sorgen, Kummer, Traurigkeit, wegzaubern kannst. Deshalb gebe ich Dir einen Zauberspruch mit, der Dir diese Kraft gibt.

Sage Dir drei Mal am Morgen, dreimal mittags und dreimal abends mit geschlossenen Augen den Zauberspruch:

Ich bin ganz ruhig

langsam vor und Du wirst seine wundersame Wirkung spüren. Wenn Du willst, kannst Du Dich dabei an diesen Ort erinnern"

Du fragst die Blume: „ Hilft der Zauber auch, wenn ich manchmal Angst in der Nacht habe oder ich mich ärgere und wütend bin?"

Deine Blume nickt. „Natürlich!" Sie lächelt Dich an. „Versuche es und glaub daran!"
Die Blume verstummt und reiht sich in den wundervollen Gesang der anderen Blumen mit ein.
Du drehst Dich um und gehst langsam auf Kapitän Relaxi und den Rest Deiner Crew zu. Dabei murmelst Du leise Deinen Zauberspruch vor Dich hin:

Ich bin ganz ruhig – ich bin ganz ruhig....

Auch die anderen Crewmitglieder murmeln Ihre Zaubersätze vor sich hin.

Ihr versammelt Euch um Kapitän Relaxi herum und brecht in Richtung Lagerplatz in der Mitte der Insel IBIGARU auf. Du schaust Dich zum Abschied noch einmal nach Deiner Blume um. Du hast den Eindruck, als würde sie Dir zuwinken.

Dabei sagst Du Dir noch einmal den Zauberspruch in Gedanken:

Ich bin ganz ruhig – ich bin ganz ruhig.

Dieser Zaubersatz fällt Dir automatisch ein, wenn Du die Blumenwiese und Deine Blume betrachtest.
Ihr geht durch den warmen und hellen Tropenwald zurück zu eurem Lagerplatz.

Dort angekommen ist es, als ob Du aus einem Traum erwachen würdest.
Du bewegst langsam Deine Finger und Zehen. Streckst und dehnst Dich – holst tief Luft und machst dann Deine Augen wieder auf. Steh nicht sofort auf, sondern warte noch einen Moment, bevor Du Dich dann langsam aufrichtest.

9.2.6 Reflektion der Geschichte

Jede Geschichte erzählt von einem Inselbewohner, beschreibt den Weg zu ihm und beinhaltet einen Zauberspruch. Jedes Kind stellt sich die Insel und deren Einwohner ganz unterschiedlich vor, so dass es ein Erlebnis ist, wenn Sie die Kinder im Anschluss an die Geschichte malen lassen. Sprechen Sie nicht zu viel, damit die Fantasiebilder präsent und farbig bleiben. Geben Sie den Kindern genügend Zeit. Als Merkhilfe können Sie – sofern die Kinder nicht selbst schreiben können – den Zaubersatz auf das Bild schreiben.

Geben Sie den Kindern die Bilder als Gedächtnisstütze oder als Erinnerung mit nach Hause.

9.2.7 Besprechung der Aufgabe zu Hause

Die Kinder sollen den Zaubersatz auch zu Hause in ihren Alltag einbauen. Wiederholen Sie die Tipps der Blume mit den Kindern:

Lasst uns kurz wiederholen was die Blume erklärt hat. Wie oft solltet Ihr Euch den Zaubersatz am Tag vorsagen? Wisst Ihr das noch?

In welchen Situationen meinte sie, dass es hilfreich wäre? Wann könntet Ihr ihn noch einbauen? (Vor dem Aufstehen, nach dem Zähneputzen, vor den Hausaufgaben, vor dem Mittagessen….)

9.2.8 Abschluss der ersten Stunde

Zum Abschluss erhalten die Kinder als Belohnung einen Sticker, den sie auf das DIN A4 Papier kleben dürfen. Der Sticker zeigt, dass sie Mitglied in dieser Gruppe sind. Weiter motiviert es die Kinder zu jedem Treffen zu kommen.

Im Anschluss treffen sich alle auf den Yogakissen des Lagers auf der Isola Ibigaru und sprechen ihren Verabschiedungsspruch.

Als Anregung hier ein paar Beispiel:

1, 2, 3 – schon vorbei

4, 5, 6, 7 – tschüss Ihr Lieben

8, 9, 10 – Aufwiederseh´n!

9.3 Die zweite Stunde – Isola Abeschwe

9.3.1 Der Wochenrückblick

Die Kinder treffen sich auf dem Lagerplatz, den Sie als Kursleiter vorbereitet haben, auf der Isola Ibigaru.

Nach der Begrüßung beginnt der Wochenrückblick.

Liebe Crewmitglieder,

ich freue mich Euch alle wieder auf unserer Insel Ibigaru begrüßen zu dürfen. Bevor wir uns heute auf die Reise zur unserer zweiten Insel aufmachen – (dabei können Sie ein Bild der Schatzkarte zeigen) *– möchte ich gerne wissen, wie der Zaubersatz Eurer Blume auf Euch gewirkt hat.*

Konntet Ihr Euch die Blume auch zuhause vorstellen und Euch den Satz wieder in Erinnerung rufen? Wie hieß der Zaubersatz noch einmal?

Habt Ihr die Ruhe spüren können, ...(Name eines Kindes aufrufen)? *Konntest Du den Satz auch unter der Woche für dich nutzen? Gab es Momente, an denen Du ruhig sein wolltest und der Satz Dir geholfen hat? Welche Situationen waren das denn?...*

Es kann sein, dass nicht alle Kinder den Zaubersatz regelmäßig geübt haben. Reagieren Sie gelassen darauf und besprechen Sie mit dem Kind Tageszeiten, an denen es üben kann. Als Ankerpunkte eignen sich: vor dem Frühstück, vor dem Mittagessen, vor den Hausaufgaben, vor dem Fußballtraining, abends bevor die CD eingeschalten wird zum Schlafen.....Finden Sie gemeinsam mit dem Kind geeignete Zeiten, an denen es sich auch von selbst daran erinnert. Dann gehen Sie zum nächsten Kind über und stellen auch ihm die Fragen zur Woche usw.

9.3.2 Die Zaubersätze im Sitzen

Im Anschluss an den Wochenrückblick folgt das Üben der Formeln im Sitzen. Diese Übungen sollen die Kinder auch zuhause alleine machen. Die Formeln des Autogenen Trainings werden dabei drei bis fünfmal wiederholt. Je nach Alter der Kinder kann die Entspannungseinheit länger oder kürzer dauern.

Wir wollen heute auf die Isola ABESCHWE aufbrechen. Damit wir voller Energie dorthin starten können und um den Zaubersatz der Insel IBIGA-RU zu wiederholen, machen wir jetzt eine kurze Entspannungszeit. Setzt Euch bequem auf Euer Sitzkissen und schließt die Augen oder schaut auf einen Punkt in unserer Mitte.

Stell Dir Deine Zauberblume in Gedanken vor….wie sie sich hin- und her bewegt ….ganz sanft und leicht…hin und her…. und wiederhole dann den Zaubersatz in Gedanken:

Ich bin ganz ruhig….ich bin ganz ruhig…..ich bin ganz ruhig…. (ich bin ganz ruhig….ich bin ganz ruhig…..) -> bei älteren Kindern fünfmal wiederholen und bei jüngeren dreimal.

Bewege dann langsam Eure Finger und Füße…..strecke und dehne Dich…..atme tief ein…..und öffne ganz zum Schluss die Augen….

Feedback zu der Kurzübung im Sitzen

Erfragen Sie nach jeder Entspannungseinheit wie es den Kindern ergangen ist und ob sie Ruhe, Wärme, Schwere... spüren konnten. Wichtig ist es auch Wahrnehmungen von Ihnen als Kursleiter zu äußern. Die Feedbackrunde kann kurz gehalten werden, jedoch sollte stets nach dem Autogenen Training Zeit für die Kinder sein, um Bedürfnisse oder Anliegen äußern zu können.

9.3.3 Aufbruch zur Insel Abeschwe

Bevor die Crew-Mitglieder zur nächsten Insel aufbrechen, singen sie das Kapitän Relaxi Lied (S.31).

Die Crew-Mitglieder packen wieder das Lager zusammen wie in Stunde 1. Sie nehmen alle Matten, Yogakissen (Sitzkissen) und auch die Mitte. Aus den Matten und Kissen wird gemeinsam das Schiff gebaut. Die Kinder nehmen auf ihren Sitzen Platz und beginnen kräftig zu rudern. (Siehe Ablauf Stunde 1)

Die Insel ist in Sicht und der Anker wird gesetzt.

Liebe Crew,

ich kann die Insel Abeschwe bereits sehen. Seht Ihr sie auch? Lasst uns noch ein wenig näher heranfahren, um dann den Anker zu setzen.

Sie bestimmen wieder ein Kind, das heute den Anker auswerfen darf. Sobald das Schiff fest liegt, packt die Crew ihr Gepäck (Kissen, Matten und Mitte) zusammen und steigt in das hüfthohe, warme Meereswasser.

Um zur Insel zu gelangen, müssen wir durch das Meer waten. Es ist nicht besonders hoch. Es reicht uns bis zur Hüfte. Die Wellen sind heute etwas stärker, so dass wir uns sehr anstrengen müssen, um an den Strand zu gelangen. Nehmt Eure Arme zur Unterstützung!

Sie steigen als erster aus und marschieren mit angestrengten Bein- und Armbewegungen durch das Meer.

Spürt Ihr, wie Eure Arme und Beine ganz schwer werden. Durch das Wasser zu gehen, kostet viel Kraft.

Auf der Insel angekommen, können Sie die Hintergrundmusik „Meeresrauschen" verklingen lassen und Urwaldgeräusche einlegen. Lassen Sie die Kinder kurz rasten, um die Schwere der Arme und Beine zu spüren. Um den Effekt zu steigern, können Sie eine kleine Körperübung einbauen. Etwa so:

Wir sind auf der Isola Abeschwe angekommen und müssen nun einen steilen Berg hinauf. Aber da wir ein gutes Team sind, das sich gegenseitig unterstützt, zeige ich Euch jetzt wie das geht:

Sucht Euch einen Partner…einer legt sich hin und der andere zieht ihn vorsichtig mit einem Arm vom Boden hoch.

Sie als Kursleiter machen es den Kindern vor. Lassen Sie ein Kind sich auf den Rücken legen, anschließend gibt Ihnen das Kind eine Hand, Sie gehen dabei in die Hocke und ziehen es hoch. Danach wird der Arm gewechselt. Sie wiederholen die Übung 3 Mal, dann wird gewechselt.

Reflektion der Übung:

Spürt Ihr Eure Arme und Beine? Wie fühlen die sich an? Sie sind schwer...Eure Muskeln haben jetzt viel gearbeitet...speichert dieses Gefühl der Schwere in Eurer Erinnerung...

Im Anschluss suchen sich die Kinder ihren Lagerplatz und bauen ihr Lager auf. Jedes Kind sucht sich eine Matte und legt sich darauf. Jetzt kann die Geschichte mit Kapitän Relaxi beginnen.

Fantasiereise: Isola Abeschwe

Vorbereitung für die Erkundungsreise auf der Isola Abeschwe

Kapitän Relaxi sagt Dir nun, wie Du Dich hinlegen kannst, um mit ihm auf Erkundungsreise durch die Insel Abeschwe zu gehen. Schließe dazu Deine Augen, damit Du Dir die Insel in Gedanken und in Deinem Kopf gut vorstellen kannst.

Du legst Dich auf Deinen Rücken und legst Deine Arme ganz locker neben Deinen Körper. Spür mal, ob Dich etwas stört – etwas kneift oder zwickt. Dein Kopf liegt gerade auf dem Kissen. Spür, ob das angenehm ist für Dich!

Stell Dir vor, Kapitän Relaxi würde Dir nun eine Decke auf Deine Füße und Beine – Deine Hände und Arme – Deinen Brustkorb und wenn Du möchtest auch über Deine Schultern legen. Du merkst, wie Dich die Decke wärmt und bekommst ein ganz wohliges Gefühl.

Stell Dir vor ein kleiner Windhauch bläst Dich an und nimmt all Deine Gedanken mit, damit Du Dich ganz auf Kapitän Relaxis Inselgeschichte konzentrieren kannst. Du musst jetzt wieder ganz genau zuhören, was er Dir erzählt. Am besten, Du stellst Dir Bilder dazu vor. Du siehst die Insel Abeschwe ganz genau und stellst sie Dir vor.

Isola Abeschwe

Du liegst in der Mitte der Insel auf dem weichen, warmen Erdboden eures Lagerplatzes. Der Boden ist weich wie eine Kuscheldecke und Du fühlst Dich richtig wohl.

Die Sonne scheint warm durch die Blätter der Tropenbäume auf Deinen Körper. Sie wärmt Dich.

Dein Körper wird ruhiger und ruhiger. Deine Stirn ist ganz ruhig, Deine Augen sind ganz ruhig und Dein Mund ist ganz ruhig. Deine Arme liegen ganz ruhig neben Deinem Körper und auch Deine Beine sind jetzt ganz ruhig.
Dabei fallen Dir Dein Erlebnis auf der Insel Ibigaru und Deine Blume wieder ein und Du sagst Dir in Gedanken Deinen Zauberspruch:

Ich bin ganz ruhig – Ich bin ganz ruhig - ich bin ganz ruhig

sofort spürst Du die wundersame Wirkung, die Dir Deine Blume versprochen hat.

Kapitän Relaxi nimmt Dich nun mit auf Erkundungsreise durch die Insel Abeschwe. Ihr geht einen Waldweg entlang auf dem Du viele schöne Steine sehen kannst. Sie schimmern im Licht der Sonne wie kleine Diamanten.

Die Insel ist etwas hügelig und Deine Beine benötigen viel Kraft. Es ist etwas anstrengender als beim letzten Mal. Du spürst wie Deine

Beine schwerer und schwerer werden.

Du erreichst den Gipfel eines Hügels und bleibst neben Kapitän Relaxi stehen.

Hinter dem Hügel erblickst Du ein Tal. In dem Tal leben viele kleine lustige Äffchen. Einige von ihnen liegen faul in der Sonne, andere wiederum spielen Fangen, in dem sie sich von Baum zu Baum hangeln, wieder andere pflegen ihr Fell oder kämmen mit ihren Händchen das Fell eines anderen Äffchens. Erstaunt schaust Du dem lustigen und wilden Treiben der Affen zu. Du kennst die Affen aus Deinen Büchern, dem Fernsehen oder dem Zoo. Doch so nah und in Freiheit hast Du sie noch nie gesehen.

Kapitän Relaxi fordert Dich auf den Hügel hinabzugehen und die Äffchen zu besuchen. Du bist nervös und aufgeregt, doch da fällt Dir der Kapitän Relaxi - Spruch ein:

mit Ruhe und Gelassenheit, komm ich ans Ziel zu jederzeit.

Diesen Spruch vor Dich hinmurmelnd, steigst Du den Hügel hinab. Du stehst nun direkt vor einem Torbogen.

Ein kleines freundliches Äffchen kommt auf Dich zu und begrüßt Dich. „Hallo! Ich bin ABESCHWE Fayad! Möchtest Du mit mir und meinen Freunden fangen spielen?" Gerne spielst Du mit. Was für ein Erlebnis – mit echten kleinen Äffchen spielen. Du versuchst Dich ebenso geschickt mit den Lianen von Baum zu Baum zu hangeln, und kannst das auch sehr gut. Nach einer gewissen Zeit spürst Du wie

Deine Arme ganz schwer geworden sind.

Zufrieden setzt Du Dich auf den weichen, warmen Boden. ABE-SCHWE Fayad setzt sich neben Dich und sagt: „ Ausruhen und sich erholen, das sind zwei ganz wichtige Dinge. Nur wenn Du Dich immer wieder ausruhst und Pause machst, kannst Du neue Kraft schöpfen." Du antwortest: „ Das stimmt! Jetzt gerade brauche ich wirklich eine Pause, da meine Arme und Beine ganz schwer sind." Fayad erzählt weiter: „Manchmal brauche ich auch eine Pause, wenn ich wütend oder traurig bin. Manchmal auch, wenn ich mich gestritten habe. Manchmal auch, wenn ich Angst habe und nicht schlafen kann oder ich aufgeregt bin. Ich sage mir dann den Zauberspruch:

Meine Arme und Beine sind ganz schwer

und zwar dreimal und dann spüre ich, wie mein Körper ruhig wird, meine Muskeln locker werden. Deshalb fühlt sich Dein Körper dann schwer an. So tanke ich Kraft und meine Ängste, mein Kummer, mein Ärger werden immer kleiner und kleiner."

In Gedanken wiederholst Du den Zauberspruch:

Meine Arme und Beine sind ganz schwer – meine Arme und Beine sind ganz schwer – meine Arme und Beine sind ganz schwer

Und Du spürst, wie Deine Muskeln sich lockern, Dein Körper ganz ruhig wird und Du Kraft tankst.

„Können wir jetzt weiter spielen?" fragt Fayad. „Natürlich! Jetzt bin ich wieder fit", antwortest Du.
Ihr spielt noch eine ganze Weile zusammen und habt viel Spaß mit einander.
Dann gibt Kapitän Relaxi Dir ein Zeichen. Ihr wollt zurück zu Eurem Lagerplatz.

Du verabschiedest Dich von Deinem Freund. Er sagt:" Noch ein Geheimnis - sag Dir den Zauberspruch morgens dreimal, mittags drei Mal und abends drei Mal. Dann wirkt er noch viel besser!"
Du bedankst Dich und gehst zu Kapitän Relaxi und Deiner Crew.
`Jetzt habe ich schon zwei Zaubersprüche`, denkst Du:

Ich bin ganz ruhig und
meine Arme und Beine sind angenehm schwer

Bei Kapitän Relaxi auf dem Gipfel des Hügels angekommen, drehst Du Dich noch einmal um und betrachtest das Äffchen-Tal und Deinen Freund.
Langsam gehst Du den Weg zu Deinem Lagerplatz zurück.

Dort angekommen, ist es als würdest Du aus einem Traum erwachen.
Du bewegst langsam Deine Finger und Zehen. Streckst und dehnst Dich – holst tief Luft und machst dann Deine Augen wieder auf. Steh nicht sofort auf, sondern warte noch einen Moment, bevor Du Dich dann langsam aufrichtest.

9.3.4 Reflektion der Geschichte

Das kleine Äffchen Fayad hatte eine wichtige Botschaft für die Kinder. Der Körper braucht nach Aktivität eine Ruhepause. Dabei werden die Muskeln locker und schwer. Die Schwere zeigt, dass sich der Körper ausruht, um neue Kraft zu tanken.

Sprechen und reflektieren Sie diese Botschaft mit den Kindern nach der Geschichte. Lassen Sie die Kinder im Anschluss wieder malen.

Geben Sie den Kindern die Bilder als Gedächtnisstütze oder als Erinnerung mit nach Hause.

9.3.5 Besprechung der Aufgabe zu Hause

Die Kinder sollen die Zaubersätze auch zu Hause in ihren Alltag einbauen. Wiederholen Sie noch einmal die Tipps der Blume mit den Kindern:

Lasst uns kurz wiederholen was die Blume auf der Insel Ibigaru uns erklärt hat. Wie oft solltet Ihr Euch den Zaubersatz am Tag vorsagen? Wisst Ihr das noch?

In welchen Situationen meinte sie, dass es hilfreich wäre? Wann könntet Ihr ihn noch einbauen? (Vor dem Aufstehen, nach dem Zähneputzen, vor den Hausaufgaben, vor dem Mittagessen….)

Jetzt habt Ihr schon zwei Zaubersätze, die Ihr Euch nacheinander sagt, nämlich

Ich bin ganz ruhig
Meine Arme und Bein sind angenehm schwer

9.3.6 Abschluss der Stunde

Zum Abschluss erhalten die Kinder als Belohnung einen Sticker, den sie auf das DIN A4 Papier kleben dürfen.

Im Anschluss treffen sich alle auf den Yogakissen des Lagers auf der Isola Abeschwe und sprechen ihren Verabschiedungsspruch.

Die dritte Stunde – Isola Abewa

9.4.1 Der Wochenrückblick

Die Kinder treffen sich auf dem Lagerplatz, den Sie als Kursleiter vorbereitet haben, auf der Isola Abeschwe.

Nach der Begrüßung beginnt der Wochenrückblick.

Liebe Crewmitglieder,

ich freue mich Euch alle wieder auf unserer Insel Abeschwe begrüßen zu dürfen. Bevor wir uns heute auf die Reise zur unserer nächsten Insel aufmachen – (dabei können Sie ein Bild der Schatzkarte zeigen) – *möchte ich gerne wissen, wie die Zaubersätze auf Euch gewirkt haben.*

Habt Ihr die Ruhe und Schwere spüren können, ...(Name eines Kindes aufrufen)? *Konntest Du die Sätze auch unter der Woche für dich nutzen? In welchen Situationen haben Sie Dir geholfen?*

Es kann sein, dass nicht alle Kinder den Zaubersatz regelmäßig geübt haben. Reagieren Sie gelassen darauf und besprechen Sie mit dem Kind Tageszeiten, an denen es üben kann. Als Ankerpunkte eignen sich: vor dem Frühstück, vor dem Mittagessen, vor den Hausaufgaben, vor dem Fußballtraining, abends bevor die CD eingeschalten wird zum Schlafen.....Finden Sie gemeinsam mit dem Kind geeignete Zeiten, an denen es sich auch von selbst daran erinnert. Dann gehen Sie zum nächsten Kind über und stellen auch ihm die Fragen zur Woche usw.

9.4.2 Die Zaubersätze im Sitzen

Im Anschluss an den Wochenrückblick folgt das Üben der Formeln im Sitzen.

Wir wollen heute auf die Isola Abewa aufbrechen. Damit wir voller Energie dorthin starten können, machen wir jetzt eine kurze Entspannungszeit. Setzt Euch bequem auf Euer Sitzkissen und schließt die Augen oder schaut auf einen Punkt in unserer Mitte.

Stell Dir Deine Zauberblume in Gedanken vor….wie sie sich hin- und her bewegt ….ganz sanft und leicht…hin und her…. und wiederhole dann den Zaubersatz in Gedanken:
Ich bin ganz ruhig….ich bin ganz ruhig…..ich bin ganz ruhig….

Erinnere Dich an Deinen Freund, das Äffchen Abeschwe Fayad…an seine Botschaft, dass Deine Arme und Beine schwer werden, wenn Sie sich ausruhen… wiederhole in Gedanken den Zaubersatz:
Meine Arme und Beine sind angenehm schwer - Meine Arme und Beine sind angenehm schwer - Meine Arme und Beine sind angenehm schwer…

Bewege dann langsam Eure Finger und Füße…..strecke und dehne Dich…..atme tief ein…..und öffne ganz zum Schluss die Augen….

Feedback zu der Kurzübung im Sitzen

Erfragen Sie nach jeder Entspannungseinheit wie es den Kindern ergangen ist und ob sie Ruhe, Wärme, Schwere… spüren konnten. Wichtig ist es auch Wahrnehmungen von Ihnen als Kursleiter zu äußern und die Kinder auf Fragen anzusprechen. Die Feedbackrunde kann kurz gehalten werden, jedoch sollte stets nach dem Autogenen Training Zeit für die Kinder sein, um Bedürfnisse oder Anliegen äußern zu können.

9.4.3 Aufbruch zur Insel Abewa

- Kapitän Relaxi Lied
- Crew-Mitglieder packen das Lager zusammen
- Insel ist in Sicht und der Anker wird gesetzt

Liebe Crew,

ich kann die Insel Abewa bereits sehen. Seht Ihr sie auch? Lasst uns noch ein wenig näher heranfahren, um dann den Anker zu setzen.

Sie bestimmen wieder ein Kind, das heute den Anker auswerfen darf. Sobald das Schiff fest liegt, packt die Crew ihr Gepäck (Kissen, Matten und Mitte) zusammen und steigt in das hüfthohe, warme Meereswasser.

Um zur Insel zu gelangen, müssen wir durch das Meer waten. Es ist nicht besonders hoch. Es reicht uns bis zur Hüfte. Die Sonne scheint heute angenehm auf unsere Arme und Beine und erwärmt das Meer. Spür einmal die warme Sonne auf Deinen Armen und Beinen. Vielleicht kennst Du das Gefühl…wenn bei uns im Sommer die Sonne angenehm auf Deinen Körper scheint…oder vielleicht warst Du schon einmal am Meer...

Sie steigen als erster aus und marschieren mit angestrengten Bein- und Armbewegungen durch das Meer.

Spürt Ihr, wie Eure Arme und Beine ganz schwer werden. Durch das Wasser zu gehen, kostet viel Kraft. Vielleicht spürst Du auch, wie Deine Arme und Beine von der Anstrengung warm werden...

Auf der Insel angekommen, können Sie die Hintergrundmusik „Meeresrauschen" verklingen lassen und Urwaldgeräusche einlegen. Die Kinder suchen sich ihren Lagerplatz und bauen ihr Lager auf.

Jedes Kind sucht sich eine Matte und legt sich darauf. Jetzt kann die Geschichte mit Kapitän Relaxi beginnen.

Fantasiereise: Isola Abewa

Vorbereitung für die Erkundungsreise auf der Isola Abewa

Kapitän Relaxi sagt Dir nun wieder, wie Du Dich hinlegen kannst, um mit ihm auf Erkundungsreise durch die Insel ABEWA zu gehen. Schließe dazu Deine Augen, damit Du Dir die Insel in Gedanken und Deinem Kopf gut vorstellen kannst.

Du legst Dich auf Deinen Rücken und legst Deine Arme ganz locker neben Deinen Körper. Spür mal, ob Dich etwas stört – etwas kneift oder zwickt. Dein Kopf liegt gerade auf dem Kissen. Spür, ob das angenehm ist für Dich!

Stell Dir vor, Kapitän Relaxi würde Dir nun eine Decke auf Deine Füße und Beine – Deine Hände und Arme – Deinen Brustkorb und wenn Du möchtest auch über Deine Schultern legen. Du merkst, wie Dich die Decke wärmt und bekommst ein ganz wohliges Gefühl.

Stell Dir vor ein kleiner Windhauch bläst Dich an und nimmt all Deine Gedanken mit, damit Du Dich ganz auf Kapitän Relaxis Inselgeschichte konzentrieren kannst. Du musst jetzt wieder ganz genau zuhören, was er Dir erzählt. Am besten, Du stellst Dir Bilder dazu vor. Du siehst ganz genau wie die Insel ABEWA ausschaut. Stell Sie Dir vor.

Isola Abewa

Du liegst in der Mitte der Insel auf dem weichen, warmen Erdboden eures Lagerplatzes. Der Boden ist weich wie eine Kuscheldecke und Du fühlst Dich richtig wohl.

Die Sonne scheint warm durch die Blätter der Tropenbäume auf Deinen Körper. Sie wärmt Dich. Diese Wärme macht Deine Arme und Beine ganz ruhig.
Dabei fallen Dir Deine beiden Zaubersprüche wieder ein. Und ganz automatisch sagst Du sie Dir in Gedanken vor:

Ich bin ganz ruhig – Ich bin ganz ruhig
meine Arme und Beine sind ganz schwer

und Du spürst jetzt die wundersame Wirkung, die die Zaubersprüche auf Dich haben.

Dein Körper wird ruhiger und ruhiger. Deine Stirn ist ganz ruhig, Deine Augen sind ganz ruhig und Dein Mund ist ganz ruhig. Deine Arme liegen ganz ruhig neben Deinem Körper und auch Deine Beine sind jetzt ganz ruhig.
Kapitän Relaxi hat Dir für heute eine ganz tolle Erkundungsreise mit einem tollen Erlebnis versprochen. Er ist froh, dass Du die Inselzaubersätze nun schon so gut kannst, denn heute brauchst Du sie, um den Ausflug mitmachen zu können. Du wiederholst sie noch einmal für Dich, damit Du sie dann im richtigen Moment auch weißt:

ich bin ganz ruhig - meine Arme und Beine sind schwer.

Kapitän Relaxi nimmt Dich heute mit an den Strand. Du gehst mit ihm einen schmalen Weg durch den Wald entlang und gelangst an den Strand. Deine Füße berühren den weichen, warmen Sand. Du spürst, wie Deine Füße ganz warm werden.

Du siehst den Wellen des Meeres zu, die sanft und leise an den Strand spülen und ebenso sanft wieder ins Meer gleiten. Diese gleichmäßigen Bewegungen der Wellen – hin und her – machen Dich ganz ruhig und gelassen.

Kapitän Relaxi möchte heute mit Dir schnorcheln gehen. Er gibt Dir dazu eine Taucherbrille, damit Du den Kopf auch unter Wasser tauchen kannst. Du holst bei Kapitän Relaxi die Taucherbrille ab und bist nun bereit für die Erkundungsreise.

Du gehst bis zum Bauch ins Wasser. Es ist schön warm und die Wellen kitzeln Dich beim sanften hin – und hergehen um den Bauch. Du fühlst Dich wohlig warm und ruhig. Die Sonne scheint auf das klare Wasser und die Oberfläche funkelt, als wären kleine Edelsteine darauf in den unterschiedlichsten Farben. Kapitän Relaxi bittet Dich nun Deine Brille aufzusetzen und durch die Wasseroberfläche hindurch auf den Meeresboden zu schauen. Du kannst schwimmen, wenn Du willst oder einfach stehen bleiben. Du siehst wunderschöne Fischschwärme an Dir sanft und langsam vorbeiziehen. Sie bewegen sich ganz sicher im Wasser. Du fühlst Dich in dem warmen, hellen und klaren Wasser ebenfalls ganz ruhig und sicher.

Du merkst, wie Deine *Arme und Beine* im Wasser ganz *angenehm warm werden*.

Kapitän Relaxi ist dicht bei Dir als Du Dich zu bewegen beginnst. Langsam gehst oder schwimmst Du nah am Strand entlang. Dabei spürst Du wie *Deine Arme und Beine* im Wasser *angenehm schwer werden.*

Mit der Taucherbrille tauchst Du den Kopf unter Wasser und entdeckst auf dem Meeresboden wunderschöne kleine Pflanzen und Steine, die durch die Sonnenstrahlen in den buntesten Farben erstrahlen.

Du hebst den Kopf aus dem Wasser und siehst wie Kapitän Relaxi auf eine bestimmte Stelle im Wasser zeigt. Langsam gehst oder schwimmst Du dorthin. Bei ihm angelangt zeigt er auf eine Sandmulde. An dieser Stelle ist das Wasser ein bisschen tiefer. Um etwas zu sehen, musst Du tauchen und den Kopf unter Wasser nehmen. Du bist aufgeregt, denn Du möchtest die Überraschung sehen von der Kapitän Relaxi gesprochen hat.
Du denkst an Kapitän – Relaxis – Spruch:

mit Ruhe und Gelassenheit, komm ich ans Ziel zu jederzeit.

Du tauchst mit Kapitän Relaxi in die hellerleuchtete Sandmulde und Du weißt, Du kannst jederzeit schnell und mühelos an die Wasseroberfläche zurück. Du genießt den Anblick, der sich Dir eröffnet. Dort sind Abermillionen von Muscheln. Sie haben die ausgefallensten Farben und Formen. Du siehst Dich ganz genau um. Du gleitest ganz leicht und weich in dem Wasser. Du merkst, wie schwer Deine Arme und Beine geworden sind. Ein angenehmes und wohliges Gefühl.

Du schwimmst weiter und auf einmal entdeckst Du eine riesige Muschel. Du schwimmst hin, fasst sie an und bemerkst, dass sie ganz warm ist. Das liegt daran, dass das Wasser in dem Du schwimmst nicht sehr tief ist und die Sonnenstrahlen mit ihrer ganzen Wärme auf die Muschel scheinen können. Du merkst, wie auch Dir ganz warm wird. Ein wohliges Gefühl breitet sich in deinem Körper aus. Du tauchst auf und setzt Dich auf einen Stein, der direkt neben der Muschel aus dem Meer ragt. Du ruhst Dich aus und machst eine Pause. Dabei entdeckst Du einen kleinen Clown – Fisch. Er schwimmt ganz dicht an der Oberfläche. Neugierig tauchst Du Deinen Kopf unter, um ihn näher betrachten zu können. Da schwimmt er auf Dich zu und sagt: „Wärme ist das Zaubermittel gegen Angst, Kummer und Sorgen. Weiter hilft sie gegen Aufregung, Traurigkeit und Wut. Das lernen wir Fische schon in der ersten Klasse der Fischschule. Wärme lockert die Muskeln, beruhigt und tut gut. Spürst Du es? Wie gut es tut?" Du nickst. „Deshalb haben wir dieses Zaubermittel in einen Zauberspruch umgewandelt. Der Zauberspruch der Insel Abewa für Dich Menschenkind lautet:

meine Arme und Beine sind ganz warm

In Gedanken wiederholst Du für Dich den Zauberspruch, um seine Wirkung zu testen.

Meine Arme und Beine sind ganz warm - Meine Arme und Beine sind ganz warm - Meine Arme und Beine sind ganz warm

Die Wärme breitet sich weiter in Deinem Körper aus. Du wirst ruhig, schwer und angenehm warm.

„Da ist noch ein Geheimnis – der Zauberspruch ist auch der Schlüssel für ein wundervolles Ereignis. Sprich ihn vor der Riesenmuschel aus und Du wirst sehen…."

Du holst noch einmal Luft und tauchst mit Deinem Kopf unter Wasser. Im Stehen kannst Du die Riesenmuschel sehen. Du murmelst den Zauberspruch vor Dich hin und da geschieht es…

Die Sonne scheint direkt auf die riesige Muschel, die sich nun langsam zu öffnen beginnt. Je mehr sich die Muschel öffnet, desto heller wird das Wasser um sie herum. Die Muschel ist innen ganz und gar mit Perlmutt ausgekleidet, welches leuchtet und funkelt. Im inneren der Muschel erkennst Du eine riesengroße, gleichmäßig rund geformte, elfenbeinweiße Perle. „Wenn Du wieder zu Hause bist und dieses wunderschöne Bild von der Muschel sehen möchtest, dann musst Du nur Deine Zaubersprüche sagen, und schon kannst Du Dich in Gedanken wieder hierher zaubern!" erklärt Dir Dein Clown – Fisch bevor er blitzschnell davon schwimmt.

Während Du Deine Inselzaubersätze in Gedanken wiederholst, tippt Dir Kapitän Relaxi auf die Schulter und gibt Dir das Zeichen zur Umkehr. Du schwimmst mit ihm an die Wasseroberfläche und drehst Dich noch einmal zu der Muschel um.

Du begibst Dich mit Deiner Crew wieder aus dem Wasser und gehst den Weg zu Deinem Lager zurück.

Am Lagerplatz angekommen ist es, als ob Du aus einem Traum erwachen würdest. Du bewegst langsam Deine Finger und Zehen. Streckst und dehnst Dich – holst tief Luft und machst dann Deine Augen wieder auf. Steh nicht sofort auf, sondern warte noch einen Moment, bevor Du Dich dann langsam aufrichtest.

9.4.4 Reflektion der Geschichte

Nach dem die Kinder ihr Bild gemalt haben, können Sie ein Gespräch darüber führen, wann ihnen Wärme schon einmal geholfen hat.

Könnt Ihr Euch erinnern, was der Clown- Fisch zu dem Zaubersatz erklärt hat? Wann hat Euch denn Wärme schon einmal geholfen? (Bauchweh – Wärmflasche/ Kalte Finger - Handschuhe)

Hier können Sie die Körperreaktion auf die autogenen Formeln gut erklären.

In unserer ersten Stunde habe ich Euch erklärt, dass Eure Gedanken in Eurem Körper etwas auslösen…erinnert Euch an die Zitrone…wenn wir uns in Gedanken den Zaubersatz: meine Arme und Beine sind angenehm warm sagen, werden unsere Blutbahnen weiter/größer und können alle wichtigen Nährstoffe schneller an die Stellen im Körper bringen, wo sie gebraucht werden. Unser Körper kann dann besser arbeiten. Auch der Abfall, der anfällt, kann schneller entsorgt werden. Damit er gut arbeiten kann, braucht er Zeiten, wo er sich ausruhen kann. Auch unser Gehirn braucht Pausen…uns unsere drei Zaubersätze helfen uns dabei…

Geben Sie den Kindern die Bilder als Gedächtnisstütze oder als Erinnerung mit nach Hause.

9.4.5 Besprechung der Aufgabe zu Hause

Die Kinder sollen die Zaubersätze auch zu Hause in ihren Alltag einbauen. Wiederholen Sie die bereits bekannten Zaubersätze.

9.4.6 Abschluss der Stunde

Zum Abschluss erhalten die Kinder als Belohnung einen Sticker, den sie auf das DIN A4 Papier kleben dürfen.

Im Anschluss treffen sich alle auf den Yogakissen des Lagers auf der Isola Abewa und sprechen ihren Verabschiedungsspruch.

9.5 Die vierte Stunde – Isola Mairug

9.5.1 Der Wochenrückblick

Die Kinder treffen sich auf dem Lagerplatz, den Sie als Kursleiter vorbereitet haben.

Nach der Begrüßung beginnt der Wochenrückblick (siehe Stunde 1-3).

9.5.2 Die Zaubersätze im Sitzen

Im Anschluss an den Wochenrückblick folgt das Üben der Formeln im Sitzen.

Wir wollen heute auf die Isola Mairug aufbrechen. Damit wir voller Energie dorthin starten können, machen wir jetzt eine kurze Entspannungszeit. Setzt Euch bequem auf Euer Sitzkissen und schließt die Augen oder schaut auf einen Punkt in unserer Mitte.

Stell Dir Deine Zauberblume in Gedanken vor….wie sie sich hin- und her bewegt ….ganz sanft und leicht…hin und her…. und wiederhole dann den Zaubersatz in Gedanken:
Ich bin ganz ruhig….ich bin ganz ruhig…..ich bin ganz ruhig….

Erinnere Dich an Deinen Freund, das Äffchen Abeschwe Fayad…an seine Botschaft, dass Deine Arme und Beine schwer werden, wenn Sie sich ausruhen… wiederhole in Gedanken den Zaubersatz:
Meine Arme und Beine sind angenehm schwer - Meine Arme und Beine sind angenehm schwer - Meine Arme und Beine sind angenehm schwer…

Erinnere Dich an den Clown-Fisch und die Muschel der Insel Abewa…an die warme Sonne und das warme Meereswasser und wiederhole in Gedanken Deinen Zaubersatz:
Meine Arme und Beine sind angenehm warm - Meine Arme und Beine sind angenehm warm - Meine Arme und Beine sind angenehm warm

Beweg dann langsam Deine Finger und Füße…..streck und dehne Dich…..atme tief ein…..und öffne ganz zum Schluss die Augen….

Feedback zu der Kurzübung im Sitzen

Erfragen Sie nach jeder Entspannungseinheit wie es den Kindern ergangen ist und ob sie Ruhe, Wärme, Schwere… spüren konnten.

9.5.3 Aufbruch zur Insel Mairug

- Kapitän Relaxi Lied
- Crew-Mitglieder packen das Lager zusammen
- Insel ist in Sicht und der Anker wird gesetzt

Liebe Crew,

ich kann die Insel Mairug bereits sehen. Seht Ihr sie auch? Lasst uns noch ein wenig näher heranfahren, um dann den Anker zu setzen.

Sie bestimmen wieder ein Kind, das heute den Anker auswerfen darf. Sobald das Schiff fest liegt, packt die Crew ihr Gepäck (Kissen, Matten und Mitte) zusammen und steigt in das hüfthohe, warme Meereswasser.

Um zur Insel zu gelangen, müssen wir durch das Meer waten. Es ist nicht besonders hoch. Es reicht uns bis zur Hüfte.

Sie steigen als erster aus und marschieren mit angestrengten Bein- und Armbewegungen durch das Meer.

Spürt Ihr, wie Eure Arme und Beine ganz schwer werden. Durch das Wasser zu gehen, kostet viel Kraft. Vielleicht spürst Du auch, wie Deine Arme und Beine von der Anstrengung warm werden...

Am Strand angekommen, lassen Sie die Kinder noch einmal auf das Meer und die Vögel blicken, die sich sanft von den Wellen sanft hin- und hergeschaukelt lassen.

Liebe Crew-Mitglieder,

könnt Ihr das Rauschen der Wellen hören? Schließt einmal die Augen...lege Deine Hand auf Deinen Bauch und spüre, wie Dein Atem Deinen Bauch auf – und ab bewegt...auf und ab...vielleicht kannst Du auch spüren, wie Dein Atem langsamer wird, jetzt wo Du stehst und Dich nicht bewegst...vielleicht hast Du schon einmal Vögel beobachtet, die sich von den Wellen des Wassers hin – und herschaukeln lassen...wie kleine Papierschiffchen, die sanft auf dem Wasser treiben...auf und ab...auch den Atem geht ein und aus...ganz gleichmäßig...wie die Wellen des Meeres.

Auf der Insel angekommen, können Sie die Hintergrundmusik „Meeresrauschen" verklingen lassen und Urwaldgeräusche einlegen. Die Kinder suchen sich ihren Lagerplatz und bauen ihr Lager auf.

Jedes Kind sucht sich eine Matte und legt sich darauf. Jetzt kann die Geschichte mit Kapitän Relaxi beginnen.

Fantasiereise: Isola Mairug

Vorbereitung für die Erkundungsreise auf der Isola Mairug

Kapitän Relaxi sagt Dir nun wieder, wie Du Dich hinlegen kannst, um mit ihm auf Erkundungsreise durch die Insel Mairug zu gehen. Schließe dazu Deine Augen, damit Du Dir die Insel in Gedanken und in Deinem Kopf gut vorstellen kannst.

Du legst Dich auf Deinen Rücken und legst Deine Arme ganz locker neben Deinen Körper. Spür mal, ob Dich etwas stört – etwas kneift oder zwickt. Dein Kopf liegt gerade auf dem Kissen. Spür, ob das angenehm ist für Dich!

Stell Dir vor, Kapitän Relaxi würde Dir nun eine Decke auf Deine Füße und Beine – Deine Hände und Arme – Deinen Brustkorb und wenn Du möchtest auch über Deine Schultern legen. Du merkst, wie Dich die Decke wärmt und bekommst ein ganz wohliges Gefühl.

Stell Dir vor ein kleiner Windhauch bläst Dich an und nimmt all Deine Gedanken mit, damit Du Dich ganz auf Kapitän Relaxis Inselgeschichte konzentrieren kannst. Du musst jetzt wieder ganz genau zuhören, was er Dir erzählt. Am besten, Du stellst Dir Bilder dazu vor. Du siehst ganz genau wie die Insel Mairug ausschaut. Stell Sie Dir vor.

Isola Mairug

Du liegst in der Mitte der Insel auf dem weichen, warmen Erdboden eures Lagerplatzes. Der Boden ist weich wie eine Kuscheldecke und Du fühlst Dich richtig wohl.

Die Sonne scheint warm durch die Blätter der Tropenbäume auf Deinen Körper. Sie wärmt Dich. Diese Wärme macht Deine Arme und Beine ganz ruhig.

Dabei fallen Dir Deine drei Zaubersprüche wieder ein. Und ganz automatisch sagst Du sie Dir in Gedanken vor:

Ich bin ganz ruhig – Ich bin ganz ruhig
meine Arme und Beine sind angenehm schwer
meine Arme und Beine sind ganz warm

Und Du spürst jetzt die wundersame Wirkung, die die Zaubersprüche auf Dich haben. Dein Körper bereitet sich jetzt auf eine Ruhezeit vor, die er braucht und die Du auch genießt, denn Du weißt, danach bist Du wieder fit und hast neue Kräfte.

Kapitän Relaxi führt Dich auf einem schmalen Weg durch den Tropenwald, der von den Sonnenstrahlen hell erleuchtet und angenehm warm ist. Auf Deinem Weg begegnest Du vielen schönen Tieren. Auch die Pflanzen mit ihren saftigen Grüntönen und die unzähligen Blumen faszinieren Dich. Alles erstrahlt in warmen, sanften Licht und die vielen kleinen Wasserperlen auf den Pflanzen und Blumen glitzern und funkeln wie Edelsteine im warmen Sonnenlicht. Der Wald ist freundlich und hat etwas Märchenhaftes an sich.

Du fühlst Dich wohl und bist ganz ruhig, schwer und warm.

Als ihr eine Weile gegangen seid, dreht sich Kapitän Relaxi zu Dir um und macht Dir mit einer Handbewegung deutlich, dass ihr fast am Ziel seid. Du bist gespannt, was er Dir diesmal zeigen möchte. Bislang hast Du mit ihm wunderschöne Erlebnisse gehabt. Du erinnerst Dich: An deine Zauberblume, an Deinen Äffchen – Freund und den Clown – Fisch. Und ganz automatisch wiederholst Du die drei Zaubersprüche, die Dir Kraft, Mut und Ruhe geben.

Ich bin ganz ruhig – Ich bin ganz ruhig
meine Arme und Beine sind angenehm schwer
meine Arme und Beine sind ganz warm

Und Du spürst die Wirkung, die sie auf Dich haben.

Nun bist Du bereit für ein neues Erlebnis. Und da siehst Du es. Du stellst Dich neben Kapitän Relaxi und erblickst einen wunderschönen kleinen See. Auf Deiner rechten Seite siehst Du einen kleinen Wasserfall. Das warme Sonnenlicht lässt ihn in den unterschiedlichsten Regenbogenfarben schimmern. Gelb, Rot, Orange, Lila, Grün und Blau. Der Wasserfall bringt den See durch sein Plätschern in Bewegung und leichte, gleichmäßige Wellen erstrecken sich über das Wasser. Du beobachtest diese gleichmäßigen Bewegungen und spürst wie Du ganz ruhig und gelassen wirst. Es ist angenehmes Gefühl.

Kapitän Relaxi hat ein Papierschiffchen dabei. Er gibt es Dir und fordert Dich auf, es ins Wasser zu lassen. Das Wasser reicht Dir gerade mal bis zur Wade und ist angenehm warm. Du spürst wie diese Wärme durch Deinen ganzen Körper strömt. Über Deine Beine – hin zu Deinem Bauch – hinein in Deine Arme. Dein Körper ist wohlig warm.

Du setzt Dein Papierschiffchen aufs Wasser. Es schaukelt im Rhythmus der Wellen - auf und ab. Ganz langsam und leicht. Du beobachtest Dein Schiffchen und spürst wie Du ruhig und gelassen wirst. Kapitän Relaxi legt seine Hand auf seinen Bauch und Du machst es ihm nach. Auch Du legst Deine Hand auf Deinen Bauch und spürst die Auf- und Abbewegung. Dein Atem bewegt Deinen Bauch. Du musst nichts tun, nur beobachten und spüren. Dein Atem geht aus und ein – aus und ein, ganz von allein. Aus und ein – aus und ein, ganz von allein.

Wie Dein Schiffchen sich bewegt, so geht auch Dein Atem. Und auf einmal scheint es Dir, als ob die Wellen Dir leise in ihrem Rhythmus etwas zuflüstern:

Mein Atem ist ruhig und gleichmäßig – mein Atem ist ruhig und gleichmäßig

Und da hast Du verstanden – ein neuer Inselzauberspruch, der Deinen Gedanken zu Hause, in der Schule, im Kindergarten oder wo auch immer Du willst, hilft an diesen Ort zurückzukehren und Dein Papierschiffchen schwimmen zu lassen.

„Morgens dreimal, mittags dreimal und abends dreimal, dann entfalten die Zaubersprüche ihre Wirkung und ich bekomme Kraft, Mut, Ruhe und kann gut schlafen." Flüsterst Du Dir selbst zu.

Du beobachtest Dein Schiffchen wie es sich zufrieden und ohne Anstrengung auf dem Wasser treiben lässt und auch Du spürst wie Du ruhig, schwer, warm wirst und dein Atem ruhig und gleichmäßig geht. Du lässt Dich treiben wie Dein Schiffchen, einfach treiben...

Vorsichtig stupst Dich Kapitän Relaxi an und gibt Dir ein Zeichen. Du weißt Ihr müsst zurück zu Eurem Lagerplatz. Du nimmst Dein Schiffchen aus dem Wasser und hältst es fest in Deinen Händen. Während Du es so betrachtest fallen Dir Deine nun schon vier Inselzaubersprüche ein und Du wiederholst sie für Dich:

Ich bin ganz ruhig – Ich bin ganz ruhig
meine Arme und Beine sind angenehm schwer
meine Arme und Beine sind ganz warm
mein Atem ist ruhig und gleichmäßig

Deine Zaubersprüche vor Dich hinmurmelnd gehst Du mit Kapitän Relaxi und den anderen Crew – Mitgliedern zum Lagerplatz zurück.

Dort angekommen ist es als würdest Du aus einem Traum erwachen. Du bewegst langsam Deine Finger und Zehen. Streckst und dehnst Dich – holst tief Luft und machst dann Deine Augen wieder auf. Steh nicht sofort auf, sondern warte noch einen Moment, bevor Du Dich dann langsam aufrichtest.

9.5.4 Reflektion der Geschichte

Nach dem die Kinder ihr Bild gemalt haben, lassen Sie die Kinder sammeln, wann sie einen ruhigen Atem brauchen und wann der

Atem schnell geht…Wichtig ist hier, dass der Atem nur beobachtet werden soll und von ganz allein ruhig und gleichmäßig wird. Erinnern Sie die Kinder an die Vorübung zur Geschichte, als sie aus dem Schiff ausstiegen und der Atem durch die Anstrengung noch schneller ging, als sie ruhig standen, wurde er von ganz allein gleichmäßig und ruhig.

Geben Sie den Kindern die Bilder als Gedächtnisstütze oder als Erinnerung mit nach Hause.

9.5.5 Besprechung der Aufgabe zu Hause

Die Kinder sollen die Zaubersätze auch zu Hause in ihren Alltag einbauen. Wiederholen Sie die bereits bekannten Zaubersätze.

9.5.6 Abschluss der Stunde

Zum Abschluss erhalten die Kinder als Belohnung einen Sticker, den sie auf das DIN A4 Papier kleben dürfen.

Im Anschluss treffen sich alle auf den Yogakissen des Lagers auf der Isola Mairug und sprechen ihren Verabschiedungsspruch.

9.6 Die fünfte Stunde – Isola Bauwa

9.6.1 Der Wochenrückblick

Die Kinder treffen sich auf dem Lagerplatz, den Sie als Kursleiter vorbereitet haben.

Nach der Begrüßung beginnt der Wochenrückblick.

9.6.2 Die Zaubersätze im Sitzen

Im Anschluss an den Wochenrückblick folgt das Üben der Formeln im Sitzen.

Wir wollen heute auf die Isola Bauwa aufbrechen. Damit wir voller Energie dorthin starten können, machen wir jetzt unsere kurze Entspannungszeit. Setzt Euch bequem auf Euer Sitzkissen und schließt die Augen oder schaut auf einen Punkt in unserer Mitte.

Stell Dir Deine Zauberblume in Gedanken vor….wie sie sich hin- und her bewegt ….ganz sanft und leicht…hin und her…. und wiederhole dann den Zaubersatz in Gedanken:
Ich bin ganz ruhig….ich bin ganz ruhig…..ich bin ganz ruhig….

Erinnere Dich an Deinen Freund, das Äffchen Abeschwe Fayad…an seine Botschaft, dass Deine Arme und Beine schwer werden, wenn Sie sich ausruhen… wiederhole in Gedanken den Zaubersatz:

Meine Arme und Beine sind angenehm schwer - Meine Arme und Beine sind angenehm schwer - Meine Arme und Beine sind angenehm schwer...

Erinnere Dich an den Clown-Fisch und die Muschel der Insel Abewa...an die warme Sonne und das warme Meereswasser und wiederhole in Gedanken Deinen Zaubersatz:
Meine Arme und Beine sind angenehm warm - Meine Arme und Beine sind angenehm warm - Meine Arme und Beine sind angenehm warm

Jetzt erinnere Dich an Dein Schiffchen, das sanft im Wasser hin- und hergeschaukelt wird...sag Dir selbst in Gedanken:
Mein Atem geht ruhig und gleichmäßig

Beweg dann langsam Deine Finger und Füße.....streck und dehne - Dich.....atme tief ein.....und öffne ganz zum Schluss die Augen....

Feedback zu der Kurzübung im Sitzen

Wie in den vorherigen Stunden geben Sie den Kindern Zeit ihre Empfindungen zu äußern und eventuell Schwierigkeiten anzusprechen oder Fragen zu stellen.

9.6.3 Aufbruch zur Insel Bauwa

- Kapitän Relaxi Lied
- Crew-Mitglieder packen das Lager zusammen
- Insel ist in Sicht und der Anker wird gesetzt

Liebe Crew,

ich kann die Insel Bauwa bereits sehen. Seht Ihr sie auch? Lasst uns noch ein wenig näher heranfahren, um dann den Anker zu setzen.

Sie bestimmen wieder ein Kind, das heute den Anker auswerfen darf. Sobald das Schiff fest liegt, packt die Crew ihr Gepäck (Kissen, Matten und Mitte) zusammen und steigt in das hüfthohe, warme Meereswasser.

Um zur Insel zu gelangen, müssen wir durch das Meer waten. Es ist nicht besonders hoch. Es reicht uns bis zur Hüfte.

Sie steigen als erster aus und marschieren mit angestrengten Bein- und Armbewegungen durch das Meer.

Spürt Ihr, wie Eure Arme und Beine ganz schwer werden. Durch das Wasser zu gehen, kostet viel Kraft. Vielleicht spürst Du auch, wie Deine Arme und Beine von der Anstrengung warm werden…

Aufbau des Lagers und Vorübung zur Erkundungsreise

Liebe Crew-Mitglieder,

lasst uns einen guten Platz für unser Lager finden.

Vorübung: Die Sonne spüren

Wenn das Lager aufgebaut ist, lassen Sie die Kinder Paare bilden. Anschließend legt sich ein Kind auf die Matte und der PartnerIn setzt sich daneben. Das sitzende Kind spielt die Sonne, reibt sich dabei die Hände bis sie warm werden und legt sie dann auf die

Arme, Beine und den Bauch des liegenden Kindes. Wichtig dabei ist, dass das liegende Kind das Wärmegefühl in seinem Kopf speichert. Geben Sie den Zeit zum spüren…nach ca. fünf Minuten wechseln die Kinder die Rollen. Nach der Übung sucht sich jedes Kind eine Matte und legt sich darauf. Jetzt kann die Erkundungsreise auf der Isola Bauwa beginnen.

Fantasiereise: Isola Bauwa

Vorbereitung für die Erkundungsreise auf der Isola Bauwa

Kapitän Relaxi sagt Dir nun wieder, wie Du Dich hinlegen kannst, um mit ihm auf Erkundungsreise durch die Insel BAUWA zu gehen. Schließe dazu Deine Augen, damit Du Dir die Insel in Gedanken und in Deinem Kopf gut vorstellen kannst.

Du legst Dich auf Deinen Rücken und legst Deine Arme ganz locker neben Deinen Körper. Spür mal, ob Dich etwas stört – etwas kneift oder zwickt. Dein Kopf liegt gerade auf dem Kissen. Spür, ob das angenehm ist für Dich!

Stell Dir vor, Kapitän Relaxi würde Dir nun eine Decke auf Deine Füße und Beine – Deine Hände und Arme – Deinen Brustkorb und wenn Du möchtest auch über Deine Schultern legen. Du merkst, wie Dich die Decke wärmt und bekommst ein ganz wohliges Gefühl.

Stell Dir vor ein kleiner Windhauch bläst Dich an und nimmt all Deine Gedanken mit, damit Du Dich ganz auf Kapitän Relaxis Inselgeschichte konzentrieren kannst. Du musst jetzt wieder ganz genau zuhören, was er Dir erzählt. Am besten, Du stellst Dir Bilder dazu vor. Du siehst ganz genau wie die Insel Bauwa ausschaut. Stell Sie Dir vor.

Isola Bauwa

Du liegst in der Mitte der Insel auf dem weichen,
warmen Erdboden eures Lagerplatzes. Der Boden ist
weich wie eine Kuscheldecke und Du fühlst Dich richtig
wohl.

Die Sonne scheint warm durch die Blätter der Tropenbäume auf
Deinen Körper. Sie wärmt Dich.

Diese Wärme macht Deine Arme und Beine ganz ruhig.

Dabei fallen Dir Deine vier Zaubersprüche wieder ein. Und ganz
automatisch sagst Du sie Dir in Gedanken vor:

Ich bin ganz ruhig
meine Arme und Beine sind angenehm schwer
meine Arme und Beine sind ganz warm
mein Atem geht ruhig und gleichmäßig.

Und Du spürst jetzt die wundersame Wirkung, die die Zaubersprüche auf Dich haben. Dein Körper bereitet sich jetzt auf eine
Ruhezeit vor, die er braucht und die Du auch genießt, denn Du
weißt, danach bist Du wieder fit und hast neue Kräfte.

Kapitän Relaxi führt Dich auf einem schmalen Weg durch den
hellen und warmen Tropenwald hin zu einem Strand.

Du siehst die Wellen, die gleichmäßig und sanft auf den Strand
zukommen und sich dann ins Meer zurückziehen. Diese gleichmäßigen Bewegungen lassen Dich ruhig und gelassen werden.

Du schaust aufs Meer hinaus und glaubst Deinen Augen nicht zu trauen. Viele kleine und größere Delphine springen aus dem Meer und tauchen wieder ab. Als würden sie tanzen. Sie drehen sich in der Luft und tauchen sanft und leise wieder ab - auf und ab. Erstaunt und aufgeregt siehst Du diesem wundervollen Naturschauspiel zu. Die Delphine nähern sich dem Strand. Deine Aufregung steigt. Du blickst zu Kapitän Relaxi, der Dir lächelnd zunickt. Da fällt Dir sein Spruch ein:

Mit Ruhe und Gelassenheit, komm ich ans Ziel zu jederzeit.

Kapitän Relaxi gibt Dir ein Zeichen ins Wasser und den Delphinen entgegenzugehen. Das Wasser ist angenehm warm, hell und klar und reicht Dir bis zu den Knien. Die Delphine schwimmen fröhlich auf Dich zu. Ein Delphin – Baby schwimmt um Deine Beine herum, beschnuppert Dich und begrüßt Dich somit. Du tauchst Deine Hand ins Wasser und das Delphin – Baby gleitet mit seiner Rückenflosse an ihr vorbei. Vorsichtig streichelst Du die Rückenflosse. Vor Freude wird Dir ganz warm und in Deinem Bauch fängt es an zu kribbeln. Ein schönes Gefühl.

Dein Bauch wird wohlig warm.

Das Delphin – Baby macht dies einige Male und Du spürst den Wunsch die Rückenflosse festzuhalten und auf dem Delphin – Baby zu schwimmen.

Dir fallen Deine vier Zaubersprüche ein, die Dir Kraft, Mut und Gelassenheit geben, wenn Du aufgeregt bist oder Angst hast. Und aufgeregt bist Du gerade. Du wiederholst Sie für Dich in Gedanken:

Ich bin ganz ruhig – Ich bin ganz ruhig

meine Arme und Beine sind angenehm schwer
meine Arme und Beine sind ganz warm
mein Atem ist ruhig und gleichmäßig

Und auf einmal hältst Du Dich fest. Das Delphin-Baby zieht Dich sicher und sanft durch das Wasser. Das macht Dir großen Spaß. Ihr gleitet schwerelos und ohne Mühe durch das helle, warme Wasser. Du spürst erneut die Wärme auf Deinem ganzen Körper und das Kribbeln in Deinem Bauch, das ihn wohlig warm macht. Du drehst einige Runden mit Deinem neuen Freund.

Du spürst wie Deine Arme und Beine im Wasser ganz angenehm schwer werden, ganz angenehm warm werden.

Nach einer Zeit lässt Du die Rückenflosse wieder los und gleitest sanft und sicher zurück ins Wasser. Dein Bauch fühlt sich ganz warm an. Und Du erinnerst Dich, dass Du dieses schöne Gefühl im Bauch kennst. Wenn Du Dich freust, Dir etwas Spaß macht, Du Dich wohl fühlst, dann wird Dein Bauch ganz warm. So als würde die Sonne ihn wärmen.

Das Delphin – Baby kommt wieder zu Dir zurückgeschwommen und flüstert Dir ins Ohr: „Wenn ich mal wütend, verärgert, ängstlich oder aufgeregt bin, dann sage ich mir unseren Insel – Zauberspruch:

mein Bauch ist wohlig warm

mein Ärger, meine Angst, meine Aufregung werden damit immer kleiner und kleiner und ich habe neue Kraft, all die Dinge zu schaffen, die ich möchte."

„Danke", sagst Du. „ Diesen Zauberspruch merke ich mir."

„Nun kenne ich schon fünf Zaubersprüche:

Ich bin ganz ruhig – Ich bin ganz ruhig
meine Arme und Beine sind angenehm schwer
meine Arme und Beine sind ganz warm
mein Atem ist ruhig und gleichmäßig
mein Bauch ist wohlig warm

und alle helfen mir beim Kraft tanken, beim Einschlafen, wenn ich ärgerlich und wütend bin oder in der Schule/Kindergarten, wenn ich aufgeregt bin."

Kapitän Relaxi gibt Dir ein Zeichen und Du weißt, ihr müsst zurück zu eurem Lagerplatz. Zum Abschied streichelst Du noch einmal liebevoll das Delphin – Baby, und es schubst Dich noch einmal mit seiner Schnauze an.

Als Du das Wasser verlässt und den Strand unter Deinen Füßen spürst, blickst Du noch einmal zurück aufs Meer. Du siehst die Delphinherde sich entfernen und während Du ihre gleichmäßigen Bewegungen beobachtest, das Springen und sanfte abtauchen – auf und ab, fühlst Du Dich sehr wohl.

So gehst Du ruhig, sicher mit schweren und warmen Armen und Beinen und einem wohlig warmen Bauch mit Kapitän Relaxi und den anderen Crew – Mitgliedern zurück zu eurem Lagerplatz.

Dort angekommen ist es, als würdest Du aus einem Traum erwachen. Du bewegst langsam Deine Finger und Zehen. Streckst und dehnst Dich – holst tief Luft und machst dann Deine Augen wieder auf. Steh nicht sofort auf, sondern warte noch einen Moment, bevor Du Dich dann langsam aufrichtest.

9.6.4 Reflektion der Geschichte

Die Kinder können nach der Geschichte ihr Bild malen. Im Anschluss sollte Zeit sein, um die wichtigen Botschaften des Delfinbabys mit den Kindern zu besprechen.

Wer von Euch möchte sein Bild vorstellen? Welche Botschaft hatte der Delfin von Euch? Wann sagt er sich den Zaubersatz? Und was passiert dann in seinem Körper? Wie fühlt er sich, wenn er den Zaubersatz ausgesprochen hat? Hast Du Dich auch so gefühlt nach der Geschichte? Wie hast Du Dich gefühlt?

Geben Sie den Kindern die Bilder als Gedächtnisstütze oder als Erinnerung mit nach Hause.

9.6.5 Besprechung der Aufgabe zu Hause

Die Kinder sollen die Zaubersätze auch zu Hause in ihren Alltag einbauen. Wiederholen Sie die bereits bekannten Zaubersätze.

9.6.6 Abschluss der Stunde

Zum Abschluss erhalten die Kinder als Belohnung einen Sticker, den sie auf das DIN A4 Papier kleben dürfen.

Im Anschluss treffen sich alle auf den Yogakissen des Lagers auf der Isola Mairug und sprechen ihren Verabschiedungsspruch.

9.7 Die sechste Stunde – Isola Herug

9.7.1 Der Wochenrückblick

Die Kinder treffen sich auf dem Lagerplatz, den Sie als Kursleiter vorbereitet haben.

Nach der Begrüßung beginnt der Wochenrückblick.

9.7.2 Die Zaubersätze im Sitzen

Im Anschluss an den Wochenrückblick folgt das Üben der Formeln im Sitzen.

Wir wollen heute zur Isola Herug aufbrechen. Damit wir voller Energie dorthin starten können, machen wir jetzt unsere kurze Entspannungszeit. Setze Dich bequem auf Dein Sitzkissen und schließt die Augen oder schaut auf einen Punkt in unserer Mitte.

Stell Dir Deine Zauberblume in Gedanken vor....wie sie sich hin- und her bewegt ....ganz sanft und leicht...hin und her.... und wiederhole dann den Zaubersatz in Gedanken:
Ich bin ganz ruhig....ich bin ganz ruhig.....ich bin ganz ruhig....

Erinnere Dich an Deinen Freund, das Äffchen Abeschwe Fayad...an seine Botschaft, dass Deine Arme und Beine schwer werden, wenn Sie sich ausruhen... wiederhole in Gedanken den Zaubersatz:

Meine Arme und Beine sind angenehm schwer - Meine Arme und Beine sind
angenehm schwer - Meine Arme und Beine sind angenehm schwer…

Erinnere Dich an den Clown-Fisch und die Muschel der Insel Abewa…an
die warme Sonne und das warme Meereswasser und wiederhole in Gedanken
Deinen Zaubersatz:
Meine Arme und Beine sind angenehm warm - Meine Arme und Beine sind
angenehm warm - Meine Arme und Beine sind angenehm warm

Jetzt erinnere Dich an Dein Schiffchen, das sanft im Wasser hin- und herge-
schaukelt wird…sag Dir selbst in Gedanken:
Mein Atem geht ruhig und gleichmäßig

Dann erinnere Dich an die Wärme der Hände auf Deinem Bauch…an das
Delfinbaby auf der Insel Bauwa…sag Dir selbst in Gedanken
Mein Bauch ist wohlig warm

Beweg dann langsam Deine Finger und Füße…..streck und dehne -
Dich…..atme tief ein…..und öffne ganz zum Schluss die Augen….

Feedback zu der Kurzübung im Sitzen

Wie in den vorherigen Stunden geben Sie den Kindern Zeit ihre
Empfindungen zu äußern und eventuell Schwierigkeiten anzusprechen oder Fragen zu stellen.

9.6.3 Aufbruch zur Insel Herug

- Kapitän Relaxi Lied
- Crew-Mitglieder packen das Lager zusammen
- Insel ist in Sicht und der Anker wird gesetzt

Liebe Crew,

ich kann die Insel Herug bereits sehen. Seht Ihr sie auch? Lasst uns noch ein wenig näher heranfahren, um dann den Anker zu setzen.

Sie bestimmen wieder ein Kind, das heute den Anker auswerfen darf. Sobald das Schiff fest liegt, packt die Crew ihr Gepäck (Kissen, Matten und Mitte) zusammen und steigt in das hüfthohe, warme Meereswasser.

Um zur Insel zu gelangen, müssen wir durch das Meer waten. Es ist nicht besonders hoch. Es reicht uns bis zur Hüfte.

Sie steigen als erster aus und marschieren mit angestrengten Bein- und Armbewegungen durch das Meer.

Spürt Ihr, wie Eure Arme und Beine ganz schwer werden. Durch das Wasser zu gehen, kostet viel Kraft. Vielleicht spürst Du auch, wie Deine Arme und Beine von der Anstrengung warm werden…

Aufbau des Lagers und Vorübung zur Erkundungsreise

Liebe Crew-Mitglieder,

lasst uns einen guten Platz für unser Lager finden.

Vorübung: den Puls spüren

Wenn das Lager aufgebaut ist, lassen Sie die Kinder auf ihren Matten Platz nehmen und leiten Sie den nächsten Zaubersatz ein.

Ein Vorschlag für die Einleitung:

Heute werdet Ihr einen weiteren Zaubersatz kennen lernen. Was glaubt Ihr, wofür der gut sein könnte? Hier haben Sie Möglichkeit die Wirkung der Zaubersätze auf den Körper noch einmal zu erklären.

Versucht einmal Euren Puls zu erspüren…leg dabei Deine Finger auf Dein Handgelenk (Zeige – und Mittelfinger) oder an Deinen Hals. Spürst Du es schlagen? Weißt Du auch welches Organ dafür sorgt, dass Du den Pulsschlag spüren kannst? Wofür brauchen wir unser Herz? Wie schlägt Dein Herz gerade? Schnell oder langsam? Wann schlägt es schnell? Und wann langsam? Was ist angenehmer?

Vielleicht hat unser heutige Zauberspruch etwas damit zu tun…hör genau zu!

Jetzt beginnt die Geschichte mit Kapitän Relaxi.

Fantasiereise: Isola Herug

Vorbereitung für die Erkundungsreise auf der Isola Herug

Kapitän Relaxi sagt Dir nun wieder, wie Du Dich hinlegen kannst, um mit ihm auf Erkundungsreise durch die Insel Herug zu gehen. Schließe dazu Deine Augen, damit Du Dir die Insel in Gedanken und in Deinem Kopf gut vorstellen kannst.

Du legst Dich auf Deinen Rücken und Deine Arme ganz locker neben Deinen Körper. Spür mal, ob Dich etwas stört – etwas kneift oder zwickt. Dein Kopf liegt gerade auf dem Kissen. Spür, ob das angenehm ist für Dich!

Stell Dir vor, Kapitän Relaxi würde Dir nun eine Decke auf Deine Füße und Beine – Deine Hände und Arme – Deinen Brustkorb und wenn Du möchtest auch über Deine Schultern legen. Du merkst, wie Dich die Decke wärmt und bekommst ein ganz wohliges Gefühl.

Stell Dir vor ein kleiner Windhauch bläst Dich an und nimmt all Deine Gedanken mit, damit Du Dich ganz auf Kapitän Relaxis Inselgeschichte konzentrieren kannst. Du musst jetzt wieder ganz genau zuhören, was er Dir erzählt. Am besten, Du stellst Dir Bilder dazu vor. Du siehst ganz genau wie die Insel HERUG ausschaut. Stell Sie Dir vor.

Isola Herug

Du liegst in der Mitte der Insel auf dem weichen, warmen Erdboden eures Lagerplatzes. Der Boden ist weich wie eine Kuscheldecke und Du fühlst Dich richtig wohl.

Die Sonne scheint warm durch die Blätter der Tropenbäume auf Deinen Körper. Sie wärmt Dich.

Diese Wärme macht Deine Arme und Beine ganz ruhig.

Dabei fallen Dir Deine vier Zaubersprüche wieder ein. Und ganz automatisch sagst Du sie Dir in Gedanken vor:

Ich bin ganz ruhig
meine Arme und Beine sind angenehm schwer
meine Arme und Beine sind ganz warm
mein Atem geht ruhig und gleichmäßig
mein Bauch ist wohlig warm

Und Du spürst jetzt die wundersame Wirkung, die die Zaubersprüche auf Dich haben. Dein Körper bereitet sich jetzt auf eine Ruhezeit vor, die er braucht und die Du auch genießt, denn Du weißt, danach bist Du wieder fit und hast neue Kräfte.

Anders als sonst, erzählt Dir Kapitän Relaxi, bevor ihr losgeht, etwas über die Ureinwohner dieser Insel.

„Hier leben schon seit Jahrtausenden Riesenschildkröten - Landschildkröten.

In bestimmten Teilen der Erde werden sie als heilige Tiere gesehen. Sie stehen für ein langes Leben, Weisheit, Gesundheit, Ausdauer und Klugheit."

Nach diesen Worten gibt Dir Kapitän Relaxi ein Zeichen und Du begibst Dich mit ihm auf den Weg zum Strand. Ihr durchquert den hellen erleuchteten Tropenwald.

Du hörst unterschiedliche Tiere: Vögel, Frösche und Du siehst ein Faultier auf einem Baum.

Dann gibt Kapitän Relaxi Dir ein Zeichen zum Stehenbleiben.

Ihr habt die Stelle im Wald erreicht, an der ihr die Riesenschildkröten von ganz nah beobachten könnt. Im Unterholz hörst Du etwas rascheln. Und auf einmal siehst Du den riesigen Panzer einer Schildkröte vor Dir. Aufgeregt beobachtest Du die Schildkröte, die sich ganz langsam und gemütlich auf eine kleine Wasserstelle hin bewegt. Langsam, ganz langsam. Kapitän Relaxi hat Dir erzählt, dass Du die Schildkröte anfassen könntest, wenn Du behutsam und achtsam auf sie zugehst.

Gerne würdest Du den dicken, sicheren Panzer berühren. Du denkst an Kapitän – Relaxis Spruch:

mit Ruhe und Gelassenheit, komm ich ans Ziel zu jederzeit.

Ruhig und gelassen gehst Du auf die Schildkröte zu. Sie ist fast so hoch wie Du selbst. Sie bemerkt Dich und sieht Dich freundlich an. Sie sagt: „Hallo mein Menschenkind! Ich heiße Pinta. Schön, dass Du mich und meine Familie einmal besuchen kommst." Dann geht sie langsam und ruhig auf Dich zu. Sie nickt Dir lächelnd zu und Du weißt, Du darfst ihren Panzer berühren. Du legst Deine Hand darauf und spürst wie sich Ruhe und Kraft von Pinta auf Dich übertragen. i

Dein Herz schlägt auf einmal ganz ruhig und gleichmäßig.

„Weißt Du", sagt Pinta, „bereits als kleine Schildkröten sagen uns die weisen und alten Schildkröten im Kindergarten und in der Schule: Du brauchst nicht zu kämpfen, schreien, toben- beobachte nur was passiert und folge dem Klopfen Deines Herzens. Bleibe ruhig und gelassen in jeder Situation, so wirst Du alles erreichen, was Du möchtest. Damit uns das gelingt, lernen wir von klein an einen Zauberspruch: mein Herz schlägt ruhig und gleichmäßig. Immer, wenn ich zornig, aufgeregt, nervös, wütend oder unruhig bin, dann sage ich mir diesen Zaubersatz und schon kann ich wieder ruhig und gelassen werden."

In Gedanken wiederholst Du den neuen Zauberspruch:

mein Herz schlägt ruhig und gleichmäßig –
mein Herz schlägt ruhig und gleichmäßig –
mein Herz schlägt ruhig und gleichmäßig

Und Du spürst, wie Dein Herz ganz ruhig schlägt.

Kapitän Relaxi gibt Dir das Zeichen zu Aufbruch. Du bedankst Dich bei Pinta und verabschiedest Dich.

„Jetzt habe ich schon sechs Zaubersprüche", sagst Du leise zu Dir selbst. Und Du wiederholst sie noch einmal in Gedanken für Dich auf dem Weg zum Lagerplatz:

Ich bin ganz ruhig

meine Arme und Beine sind angenehm schwer
meine Arme und Beine sind ganz warm
mein Atem geht ruhig und gleichmäßig
mein Bauch ist wohlig warm
mein Herz schlägt ruhig und gleichmäßig

Ruhig, und gelassen gehst Du mit Kapitän Relaxi und den anderen Crew – Mitgliedern zurück zu eurem Lagerplatz.

Dort angekommen ist es, als würdest Du aus einem Traum erwachen. Du bewegst langsam Deine Finger und Zehen. Streckst und dehnst Dich – holst tief Luft und machst dann Deine Augen wieder auf. Steh nicht sofort auf, sondern warte noch einen Moment, bevor Du Dich dann langsam aufrichtest.

9.7.4 Reflektion der Geschichte

Die Kinder können nach der Geschichte ihr Bild malen. Im Anschluss sollte Zeit sein, um die wichtige Botschaft der Schildkröte Pinta mit den Kindern zu besprechen.

Wer von Euch möchte sein Bild vorstellen? Welche Botschaft hatte Pinta für Euch? Hast Du Deinen Herzschlag vielleicht gespürt? Wie hat es geschlagen?

9.7.5 Besprechung der Aufgabe zu Hause

Die Kinder sollen die Zaubersätze auch zu Hause in ihren Alltag einbauen. Wiederholen Sie die bereits bekannten Zaubersätze.

9.7.6 Abschluss der Stunde

Zum Abschluss erhalten die Kinder als Belohnung einen Sticker, den sie auf das DIN A4 Papier kleben dürfen.

Im Anschluss treffen sich alle auf den Yogakissen des Lagers auf der Isola Mairug und sprechen ihren Verabschiedungsspruch.

9.8 Die siebte Stunde – Isola Kosti

9.8.1 Der Wochenrückblick

Die Kinder treffen sich auf dem Lagerplatz, den Sie als Kursleiter vorbereitet haben.

Nach der Begrüßung beginnt der Wochenrückblick.

9.8.2 Die Zaubersätze im Sitzen

Im Anschluss an den Wochenrückblick folgt das Üben der Formeln im Sitzen.

Wir wollen heute zur Isola Kosti aufbrechen. Das ist unsere letzte Reise. Dort befindet sich der Schatz des großen Autogenius Relaxius. Kannst Du Dich noch daran erinnern, wie wir den Schatz finden können? Was erklärte uns Kapitän Relaxi dazu?

Wir können den Schatz des großen Autogenius Relaxius nur finden, wenn wir alle Zaubersprüche können und Ihre Wirkung kennen. Jetzt sind wir so weit gereist und ich habe gesehen, dass Ihr alle Eure Zaubersprüche gut kennt.

Lasst uns zur Insel Kosti aufbrechen. und damit wir voller Energie dorthin starten können, machen wir jetzt unsere kurze Entspannungszeit. Setze Dich bequem auf Dein Sitzkissen und schließe die Augen oder schau auf einen Punkt in unserer Mitte.

Stell Dir Deine Zauberblume in Gedanken vor…und wiederhole dann den Zaubersatz in Gedanken:
Ich bin ganz ruhig….ich bin ganz ruhig…..ich bin ganz ruhig…. (ich bin ganz ruhig….ich bin ganz ruhig…..)

Erinnere Dich an Deinen Freund, das Äffchen Abeschwe Fayad… wiederhole in Gedanken den Zaubersatz:
Meine Arme und Beine sind angenehm schwer - Meine Arme und Beine sind angenehm schwer - Meine Arme und Beine sind angenehm schwer…

Erinnere Dich an den Clown-Fisch und die Muschel der Insel Abewa…an die warme Sonne und das warme Meereswasser und wiederhole in Gedanken Deinen Zaubersatz:
Meine Arme und Beine sind angenehm warm - Meine Arme und Beine sind angenehm warm - Meine Arme und Beine sind angenehm warm

Jetzt erinnere Dich an Dein Schiffchen, das sanft im Wasser hin- und hergeschaukelt wird…sag Dir selbst in Gedanken:
Mein Atem geht ruhig und gleichmäßig

Dann erinnere Dich an die Wärme der Hände auf Deinem Bauch…an das Delfinbaby auf der Insel Bauwa…sag Dir selbst in Gedanken
Mein Bauch ist wohlig warm

Erinnere Dich an die Schildkröte Pinta…an Deinen Pulsschlag…und sag Dir selbst in Gedanken:
Mein Herz geht ruhig und gleichmäßig

Beweg dann langsam Deine Finger und Füße…..streck und dehne - Dich…..atme tief ein…..und öffne ganz zum Schluss die Augen….

Feedback zu der Kurzübung im Sitzen

Wie in den vorherigen Stunden geben Sie den Kindern Zeit ihre Empfindungen zu äußern und eventuell Schwierigkeiten anzusprechen oder Fragen zu stellen.

9.8.3 Aufbruch zur letzten Reise auf die Insel Kosti

- Kapitän Relaxi Lied
- Crew-Mitglieder packen das Lager zusammen
- Insel ist in Sicht und der Anker wird gesetzt

Liebe Crew,

ich kann die Insel Kosti bereits sehen. Seht Ihr sie auch? Lasst uns noch ein wenig näher heranfahren, um dann den Anker zu setzen.

Sie bestimmen wieder ein Kind, das heute den Anker auswerfen darf. Sobald das Schiff fest liegt, packt die Crew ihr Gepäck (Kissen, Matten und Mitte) zusammen und steigt in das hüfthohe, warme Meereswasser.

Um zur Insel zu gelangen, müssen wir durch das Meer waten. Es ist nicht besonders hoch. Es reicht uns bis zur Hüfte.

Sie steigen als erster aus und marschieren mit angestrengten Bein- und Armbewegungen durch das Meer.

*Spürt Ihr, wie Eure Arme und Beine ganz schwer werden. Durch das Wasser
zu gehen, kostet viel Kraft. Vielleicht spürst Du auch, wie Deine Arme und
Beine von der Anstrengung warm werden…*

Die Crew baut das Lager auf und jedes Kind legt sich auf eine
Matte.

Jetzt beginnt die letzte Kapitän Relaxi Erkundungsreise durch die
Insel Kosti.

Fantasiereise: Isola Kosti

Vorbereitung für die Erkundungsreise auf der Isola Kosti

Kapitän Relaxi sagt Dir nun wieder, wie Du Dich hinlegen kannst, um mit ihm auf die Schatzsuche zu gehen. Schließe dazu Deine Augen, damit Du Dir die Insel in Gedanken und in Deinem Kopf gut vorstellen kannst.

Du legst Dich auf Deinen Rücken und Deine Arme ganz locker neben Deinen Körper. Spür mal, ob Dich etwas stört – etwas kneift oder zwickt. Dein Kopf liegt gerade auf dem Kissen. Spür, ob das angenehm ist für Dich!

Stell Dir vor, Kapitän Relaxi würde Dir nun eine Decke auf Deine Füße und Beine – Deine Hände und Arme – Deinen Brustkorb und wenn Du möchtest auch über Deine Schultern legen. Du merkst, wie Dich die Decke wärmt und bekommst ein ganz wohliges Gefühl.

Stell Dir vor ein kleiner Windhauch bläst Dich an und nimmt all Deine Gedanken mit, damit Du Dich ganz auf Kapitän Relaxis Inselgeschichte konzentrieren kannst. Du musst jetzt wieder ganz genau zuhören, was er Dir erzählt. Am besten, Du stellst Dir Bilder dazu vor. Du siehst ganz genau wie die Insel KOSTI ausschaut. Stell Sie Dir vor.

Isola Kosti

Du liegst in der Mitte der Insel auf dem weichen, warmen Erdboden eures Lagerplatzes. Der Boden ist weich wie eine Kuscheldecke und Du fühlst Dich richtig wohl.

Die Sonne scheint warm durch die Blätter der Tropenbäume auf Deinen Körper. Sie wärmt Dich.

Diese Wärme macht Deine Arme und Beine ganz ruhig.

Dabei fallen Dir Deine sechs Zaubersprüche wieder ein. Und ganz automatisch sagst Du sie Dir in Gedanken vor:

Ich bin ganz ruhig
meine Arme und Beine sind angenehm schwer
meine Arme und Beine sind ganz warm
mein Atem geht ruhig und gleichmäßig
mein Bauch ist wohlig warm
mein Herz schlägt ruhig und gleichmäßig

Und Du spürst jetzt die wundersame Wirkung, die die Zaubersprüche auf Dich haben. Dein Körper bereitet sich jetzt auf eine Ruhezeit vor, die er braucht und die Du auch genießt, denn Du weißt, danach bist Du wieder fit und hast neue Kräfte.

Kapitän Relaxi führt Dich mit Hilfe seiner Schatzkarte auf einem Weg durch den tropischen Wald der Insel Kosti. Die Sonne erhellt die Bäume und in dem Wald ist ganz angenehm helles Licht.

Ihr seid auf der Suche nach dem großen Schatz des Autogenius Relaxius. Neugierig und wachsam folgst Du den Schritten von Kapitän Relaxi. Auf Eurem Gang hörst Du den Gesang der Tropenvögel und das Quaken der Frösche. Du blickst nach oben zu den Bäumen und siehst kleine Äffchen sich von Liane zu Liane hangeln. Auch ein Faultier ist zu sehen. Ganz langsam und gemütlich geht es einen Baumstamm entlang. Diese Ruhe überträgt sich auf Dich und Du spürst wie Du ganz ruhig wirst.

Kapitän Relaxi erzählte Dir, dass der Schatz auf einem alten Piratenschiff zu finden sei. Laut Eurer Schatzkarte müsstet Ihr dieses Schiff bald sehen.

Und tatsächlich – Ihr tretet aus dem tropischen Wald heraus und blickt auf einen wunderschönen weißen Sandstrand. Ihr geht den kleinen Hügel hinab zum Strand.

Du blickst über Deine Schulter und siehst ganz nah bei Euch den Bug eines Schiffes. Kapitän Relaxi hat das Schiff ebenfalls gesehen und nickt Dir zu.

Ein wenig aufgeregt bist Du jetzt schon und da fällt Dir Kapitän Relaxis Mutspruch wieder ein:

mit Ruhe und Gelassenheit, komm ich ans Ziel zu jederzeit.

Mutig und ruhig gehst Du mit Kapitän Relaxi auf das Schiff zu. Es liegt zur Hälfte im Wasser und zur Hälfte auf dem weißen Sandstrand. Es ist sehr alt und scheint schon viele Jahre hier an dieser Stelle gestrandet zu sein.

Kapitän Relaxi breitet die Schatzkarte aus und gemeinsam beginnt ihr diese nach dem Schatz zu durchsuchen. Du musst Dich jetzt gut konzentrieren und nachdenken, um den Schatz zu finden.

Das alles erinnert Dich an die Schule, vor einer Schulaufgabe oder einem Leistungstest, wenn Du konzentriert sein und nachdenken musst. Während Du so vor Dich hin grübelst, fliegt auf einmal ein kleiner Papagei auf Dich zu. Er begrüßt Dich und sagt: „ Hallo! Ich heiße Loro! Was macht Ihr denn da?" „Hallo! Wir sind auf der Suche nach dem großen Schatz des Autogenius Relaxius!" sagst Du. „Kannst Du uns helfen?" Loro nickt mit dem Kopf und fordert Dich und Kapitän Relaxi auf, seinem Flug zu folgen. Er lotst Euch auf das Schiffwrack in das Unterdeck und zeigt auf zwei aufeinanderliegende Steinräder mit vielen Zeichen darauf. „Mehr kann ich Euch nicht helfen. Wir Papageien jedoch sagen uns immer einen bestimmten Zaubersatz, wenn wir gut konzentriert sein müssen. Der geht so:

Mein Kopf und meine Stirn sind angenehm kühl

Wisst Ihr bei uns sagt man, dass man nur einen kühlen Kopf bewahren muss, dann kann man jedes Rätsel und jede Aufgabe konzentriert lösen. Ich wünsche viel Glück!" Krächzend fliegt er davon.

Also gut, denkst Du Dir und wiederholst für Dich den Satz während Du die Steintafeln genau ansiehst:

Mein Kopf und meine Stirn sind angenehm kühl
Mein Kopf und meine Stirn sind angenehm kühl
Mein Kopf und meine Stirn sind angenehm kühl

Und da siehst und erkennst es. Die Zeichen auf den Steinen erinnern Dich an Deine Inseln und Du hast die Lösung, wie Du den Schatz finden kannst.

Als erstes erkennst Du auf dem oberen Steinrad Deine Blume von der Insel Ibigaru – Du drehst den Stein um einen Tick nach rechts – es passiert nichts. Hm – wieder überlegst Du. Es fällt Dir ein, dass Kapitän Relaxi Dir von Anfang gesagt hat, dass Du alle Zaubersprüche kennen und können musst, um den Schatz zu finden. Du versuchst es noch einmal, diesmal mit dem Zauberspruch. Du drehst das Steinrad einen Tick nach rechts und sagst dabei den Zauberspruch der Insel Ibigaru:

Ich bin ganz ruhig

Die eingezeichnete Blume beginnt zu leuchten. Du hast die Lösung des Rätsels gefunden. Kapitän Relaxi gibt Dir ein Zeichen fortzufahren.

Du entdeckst das zweite Zeichen – das kleine Äffchen, der Insel Abeschwe. Du drehst das Steinrad einen Tick nach links und sagst den Zauberspruch:

Meine Arme und Beine sind ganz schwer

Und das Zeichen leuchtet wieder auf. Du siehst den Clown – Fisch auf dem Steinrad und drehst es nach rechts mit dem Zauberspruch:

Meine Arme und Beine sind angenehm warm

Du erblickst ein Papierschiffchen und drehst das Steinrad nach links mit dem Zauberspruch:

Mein Atem geht ruhig und gleichmäßig

Es leuchtet auf.

Auf dem unteren Steinrad entdeckst Du das Delfinbaby der Inseln Bauwa und Du drehst das Steinrad nach rechts mit dem Zauberspruch:

Mein Bauch ist wohlig warm

Auch das Delfinbaby – Zeichen leuchtet auf. Und Du siehst das Zeichen der Insel Herug – eine Schildkröte. Du drehst das Steinrad nach links mit dem Zauberspruch:

Mein Herz schlägt ruhig und gleichmäßig

Die Schildkröte beginnt zu leuchten. Nun leuchten alle Zeichen. Doch der Schatz bleibt noch verborgen. Was nun? Da fällt Dir der Zauberspruch von Loro ein:

Mein Kopf und meine Stirn sind angenehm kühl

Und Dir fällt auf einmal auf, dass sich alle Lichter der Zeichen bündeln und auf eine Stelle im Schiff zeigen. Sie leuchten eine kleine Holztür an. Du gehst auf die Holztür zu und öffnest sie. Und da steht die Schatztruhe. Du hast sie gefunden.

Gemeinsam mit Kapitän Relaxi ziehst Du sie in die Mitte des Unterdecks. Ihr lest die Inschrift:

Der große Schatz des Autogenius Relaxius

Ihr öffnet die Schatztruhe.

111

In ihr ist genau das, was Du Dir schon immer gewünscht hast. Etwas, wovon Du schon immer geträumt hast. Etwas, das für Dich der größte Schatz auf Erden ist. Und nur Du allein weißt, was es für Dich ist. Nur Du kannst es sehen und spüren! Denn der Schatz des Autogenius Relaxius ist in Dir – in Deinem Herzen – in Deinen Träumen.

Kapitän Relaxi gibt Dir ein Zeichen. Ihr müsst zum Lager zurück, um am nächsten Tag die Heimreise antreten zu können.

Du nimmst Deinen Schatz mit und gehst zum Lager zurück.

Dort angekommen ist es, als würdest Du aus einem Traum erwachen. Du bewegst langsam Deine Finger und Zehen. Streckst und dehnst Dich – holst tief Luft und machst dann Deine Augen wieder auf. Steh nicht sofort auf, sondern warte noch einen Moment, bevor Du Dich dann langsam aufrichtest.

9.8.4 Reflektion der Geschichte

Die Kinder können unmittelbar nach der Geschichte ihr Bild malen. Achten Sie darauf, dass es ruhig ist und die Kinder sich konzentrieren können.

Der Schatz des großen Autogenius Relaxius – ein Schatz aus Ressourcen, Stärken und immateriellen Werten

Danach besprechen Sie mit den Kindern, was der Schatz des großen Autogenius Relaxius ist.

Habt Ihr Euch so einen Schatz vorgestellt? Was dachtet Ihr, was in der Schatzkiste ist? Es kann durchaus sein, dass die Kinder sich materielle Schätze wie Handy, IPad… vorgestellt haben, daher ist es wichtig Ihnen die Bedeutung dieses immateriellen Schatz zu erklären.

Der große Autogenius Relaxius war ein sehr weiser Mensch. Er erkannte, dass wir viele Schätze in uns tragen. Diese sind manchmal gut versteckt vor anderen oder auch vor uns selbst. Was könntest Du denn für einen Schatz in Dir tragen? Sollten die Kinder Schwierigkeiten haben etwas zu finden, können Sie sie auf Ihre Stärken aufmerksam machen, die Sie auf die Crew-Ausweise gemalt bzw. geschrieben haben.

Was gibt es noch für Schätze, Dinge, die Dir sehr wichtig sind und die Du vielleicht in eine Schatzkiste packen würdest, wenn es ginge?

9.8.5 Abschluss des Kurses

Feedbackrunde:

In einer kurzen Feedbackrunde können Sie Kinder fragen, wie ihnen die Reisen mit Kapitän Relaxi gefallen haben. Welches ihre Lieblingsreise war und was sie sich vielleicht anders vorgestellt haben. Vielleicht gibt es etwas, was ihnen überhaupt nicht gefallen hat und was sie ändern würden.

Abschluss:

Als Abschluss des Kurses können Sie den Kindern eine Kopie der Schatzkarte und eine Urkunde aushändigen. Vorschläge und Kopiervorlagen finden Sie im Kapitel 10.

Ein weiteres Abschiedsgeschenk und eine schöne Kurserinnerung sind Medaillen, die Sie den Kindern überreichen.

Die Kinder erhalten Ihren letzten Sticker, den Sie auf ihre Din A4 Blatt kleben und dürfen dieses dann mit nach Hause nehmen.

Danach folgen das Abschiedsritual und die Verabschiedung.

10. Kopiervorlagen

Schatzkarte

Crew-Ausweise

Crew – Mitglied:

Ich kann richtig gut:

Crew – Mitglied:

Ich kann richtig gut:

Crew – Mitglied:

Ich kann richtig gut:

Urkunde

11. Kapitän Relaxi – Materialien

Im Folgenden können Sie Materialien von Kapitän Relaxi bestellen:

- Urkunde in Din A 4 laminiert
- Medaillen von Kapitän Relaxi
- Schatzkarte in Din A 4 laminiert
- T-Shirt, weiß mit Kapitän Relaxi

Bestellungen und Preisliste erhalten Sie unter:
kontakt@praxismeiler.de

12. Nachwort

Die Erkundungsreisen mit Kapitän Relaxi ermöglichen den Kindern auf spielerische Art und Weise die Formeln des klassischen Autogenen Trainings zu erlernen.

Die Kursorganisation und die wörtlichen Reden in diesem Praxishandbuch sind als Unterstützung für Sie als Kursleiter gedacht. Wie Sie den Kurs gestalten und in welchem Kontext Sie die Kapitän Relaxi Geschichten einsetzen, entscheiden Sie für sich.

Ich bedanke mich ganz herzlich bei Ihnen als Leser für den Erwerb meines Buches.

Weiter bedanke ich mich bei meinen Illustratoren:

Denise Meiler: Kapitän Relaxi Bild, Cover

Leander Hartung, Amelie und Laura Meiler: Inselbilder

Printed in Germany
by Amazon Distribution
GmbH, Leipzig